心地よい和の家

築一〇〇年でも快適に住まう改築と間取り

家の光協会 編

ぬくもりと
安らぎあふれる
懐かしの和の住まい

障子越しに差すやわらかい光、
どこか懐かしい畳の香り——。
昔からの素材を使った和の家は、
日本人の五感をくすぐり、
ほっと安心できる、
くつろぎの空間をもたらします。

この本では古い家をたいせつにしながら
現代風に住みやすく
改築した和の住まいを、
間取りと工夫とともに紹介します。

生まれ育った家を住み継ぎたい方に。
新築の家に和の素材を取り入れたい方に。

住まう人の思いにふれながら
そのヒントを散りばめました。

contents

心地よい和の家
築一〇〇年でも快適に住まう改築と間取り

1章 和モダンでスタイリッシュな住まい 7

2章 昔ながらの日本家屋の趣を残す住まい 41

1章

和モダンでスタイリッシュな住まい

重厚感のある梁や柱、格子戸や襖、障子などの建具、畳といった和のテイストを随所に感じる住まいは、日本人の心を落ち着かせる不思議な力があります。現代的な意匠を加えてモダンな雰囲気を出したいときには、朱色やモノトーンといった色づかいや、部材の材質選びがポイント。たっぷりの収納や動きやすい動線など、機能性にも注目です。

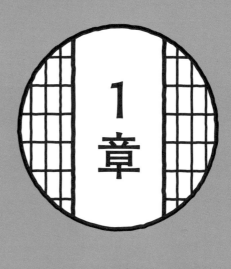

CASE 1

温故知新の家

階段の位置をずらして、ゆったりとしたＬＤＫを実現。和のたたずまいにモダンな意匠を取り入れた、現代的な空間に。

大阪府 豊中市―N邸

表から見ると純和風家屋のＮさん宅。ところが中に入ると、広い室内にシンプルな洋家具が映え、なんともモダンな印象です。

この家は、奥さまの亡き父が、細部の造作にこだわりながら一年間かけて建てたもの。Ｎさん夫婦はやがて、一人暮らしだった母と同居。その母も亡くなった今は、十代の長女と三人で暮らしています。

けれども仕切り壁の多い昔風のつくりは、やはり生活しにくかったといいます。これまでＤＫなどに小規模なリフォームは加えてきましたが、「室内は暗いし、家は広いのに、好きな家具も置けなくて。気に入ったソファでゆっくり過ごすのが夢でした」と奥さま。そこで遂に、全面的なリフォームに踏み切りました。

庭側の外観も元のまま。リフォーム前は、このウッドデッキから出入りしていたため、玄関はほとんど使っていなかった。今は椅子を並べたくつろぎのスペースに

きれいに剪定されたマキの木が、玄関の脇に育つNさん宅。外観だけ見ると、純和風住宅のつくりになっている

階段と壁を取り払い、2つの和室をつなげたことで、大きなソファの置けるリビングができた。床は凹凸をつけた無垢材を使用

右 北側に新しく設けた階段はデザインもモダン。既存の柱の上から照明を落とし、廊下にも光を回している。**左** 玄関では靴箱の下に間接照明を組み込み、雰囲気のある空間に。朱色の鏡面が白い壁によく映える

仏間は、畳をフローリングと琉球畳の組み合わせに変えて、モダンな和風に。床の間や書院は元のまま。

前庭から奥のキッチンまで、建物の縦方向いっぱいにひと続きにしたDK。一部は吹き抜けになっている

リフォーム前の仏間は、オーソドックスなつくり。細部の造作は凝っていたが、ふだんはあまり使うことはなかった

以前は、北側に狭いDKがあり、手前には舟底天井の和室が設けられていた。南からの光は、キッチンまでは届かない

リクエストは、和の雰囲気を持ったモダンな空間にすること。三人掛けのソファと大型テレビが置けるリビングをつくること。法事などのために仏間は残すことの三点でした。

設計者の提案は、家の中央にあった階段を、北側の廊下に移動するプラン。階段を外し、仕切り壁も取り去ることで、六畳・八畳の二つの和室とDKをつなげた大空間は、現代的なデザインのキッチン＆ダイニング、ソファコーナーが一体になった部屋に変わりました。暗かった廊下は、階段部分を吹き抜けにし、高窓から光が入る設計に。白い壁や建具を明るくすっきり見せる工夫です。おかげで、父が気に入っていた欄間や書院も、いっそう引き立ちます。

モダンさを表現する大きなカギは、室内の色づかいです。収納や棚などポイント部分には漆を思わせる朱、ダイニングの梁や洗面所の床には落ち着いた黒を使用。あちこちの間接照明も、雰囲気を高めます。

「この家なら、好きな家具も似合います」と奥さま。住まいへの愛着もますます増しています。

DATA

- 家族構成：3人（40代夫婦、子ども1人）
- 完成年月：2008年12月
- 築年数：33年
- 敷地面積：333㎡
- 延べ床面積：189㎡
- 構造：木造2階建て
- 費用：約3000万円(税別)
- 設計・施工：ミサワホームイング近畿

0120-117-330

http://www.misawa.co.jp/reform/

右上 玄関脇にあった古風な応接間は、床を大理石風のフローリングにして、明るいピアノ室に変わった。ここは娘さんがピアノの練習をするほか、自由に使える部屋に。**右下** オープン階段の上の高窓からは、気持ちのいい光が廊下に落ちる。**左上** 縁側の床は室内と同じ凹凸のある無垢材にした。奥さまが好きな北欧のエッグチェアもしっくりとなじむ。**左下** 浴室はガラス張り。ここでも朱と黒をポイントにした

間取りと改築のポイント

BEFORE

元は、奥さまの父が建てたこだわりの和風住宅。1階南側に3室の和室があり、その間に階段があった。仕切り壁が多くて各室が狭く、大きめの家具が置けない。また洋風のインテリアも楽しめなかった

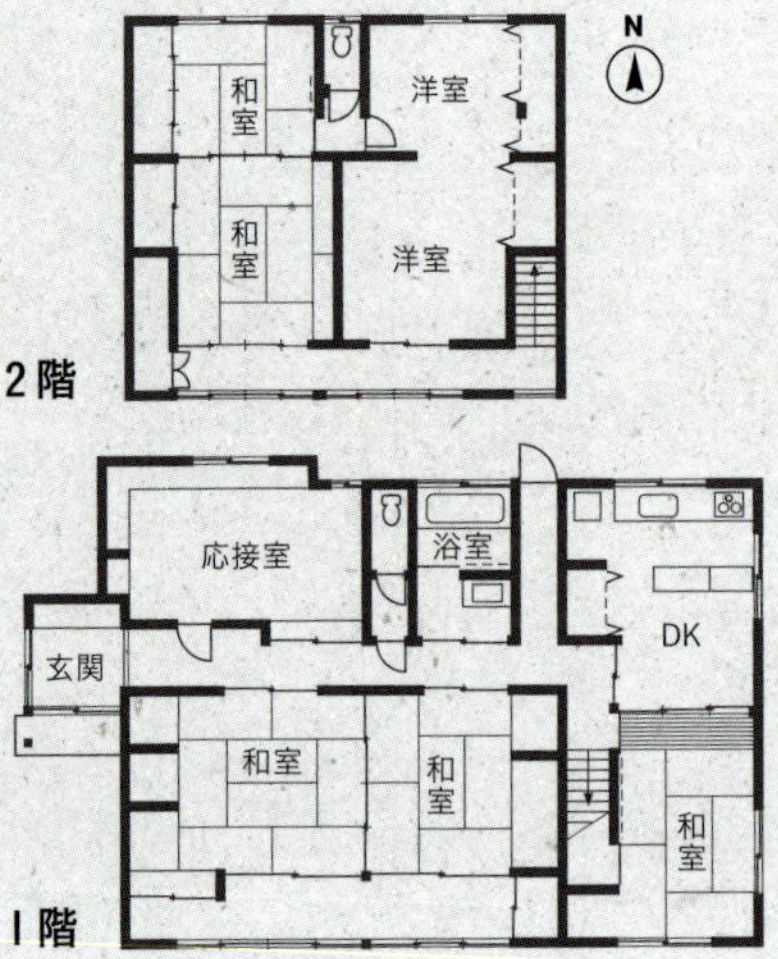

ダイニングキッチンから見た和室。間をオープンにして、居間として使っていたが、ソファは似合わない

AFTER

洗面所の配置を変えて廊下を広げ、そこに階段を移した。以前の階段部分とその左右の和室を、ダイニングキッチンとつなげて、L字形の広いLDKに。また2階は3室の洋間にした。各所とも朱と黒を利かせて、モダンなデザインになっている

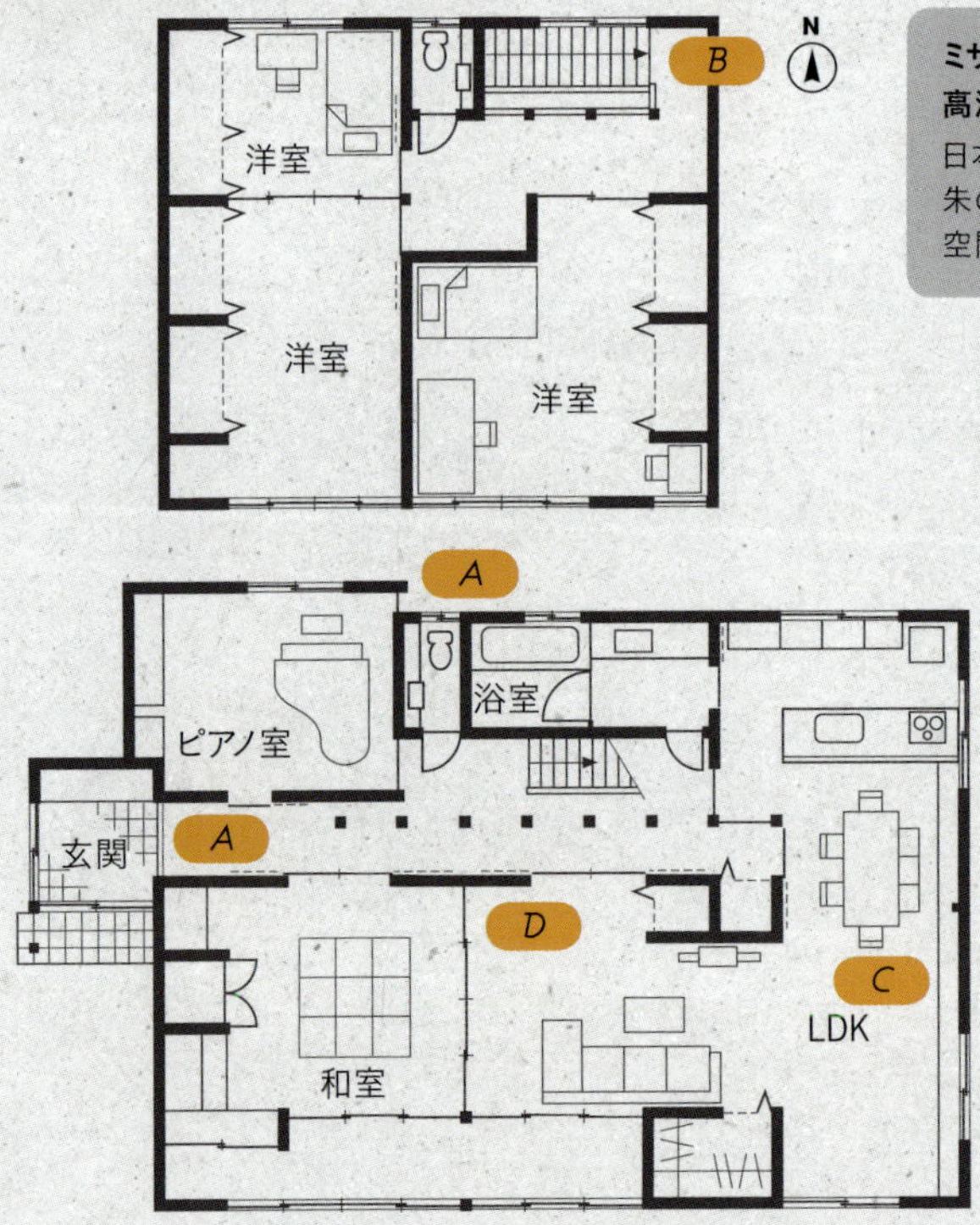

ミサワホームイングプランナー・高濱さんのコメント
日本の伝統色、艶消しの黒と朱の赤を利かせ、和モダンな空間づくりを提案しました。

新しく階段を設けた部分には、もともと壁を立てていた柱を残し、さらに等間隔になるよう飾り柱をプラスして、リズムを感じる空間にしている

高窓をつけて階上から明かりを

2階の階段上は壁をつくらず、開放感のあるホールに。壁面の高窓から入る光は、階下にも明るさをもたらす

白壁で部屋を明るく、朱色でアクセントを

白壁を基調に、朱色を入れることで現代的な意匠に。右 玄関内は梁を見せつつも、モダンでシンプルなデザイン。真っ白な壁に、靴箱の艶やかな朱色が効果的。左 トイレの棚部分にも同じ朱色を取り入れている

古い欄間を生かした和室は
現代風の琉球畳に替えて
リビングと一体感を

リビングの向こうは、元の風情を残した仏間。琉球畳とフローリングのおかげで、オープンにしていても違和感がない。凝った欄間もそのまま使った

高い天井で気持ちよく

キッチンから見るダイニング。居間だった部分も取り込み、ゆったりと広い。天井板は取って開放感を出した。壁際には長さ9mの朱色の収納

CASE 2

後代に残す家

多くの親戚が集まる築二百年以上の母屋を残していくために。フローリングを基本にした、広々バリアフリー設計。

福島県 郡山市―瀬谷邸

瀬谷雅俊さんが暮らすのは、昔、先祖が開いたと伝わる集落に残る、築二百年以上の建物です。子どもの頃は母屋に両親ときょうだい三人、離れに祖父母と曽祖母が生活していました。やがて父と祖父も亡くなり、母と八十代の祖母の二人だけに。それを機に、福島市内に住んでいた雅俊さんは、家族とともに実家に戻ることにしたそうです。

「長男なので、いつかは家を継ぐつもりでした。でも、古い家はそのままでは住みにくく、冬のしんしんと冷える寒さもこたえます」

当初は新築も考えましたが、建て替えにはいくつか厳しい条件があり、また昔ながらの堅牢なつくりを惜しむ思いもあって、リフォームに方針を変更しました。

上右 仏間だけは畳の間として残し、化粧直しした。親戚が泊まったり、子どもを遊ばせたりする場として便利。上左 かつては集落の庄屋だった瀬谷家。母屋は土蔵に並んだ平屋。下 仕切り壁を取ってつくった広いLDK。天窓と窓からの光で明るい

客間だった部分を使い、広くした玄関。床にオーク材を張り、間仕切り壁には絵画を飾るコーナーもつけた

右 キッチンは北側の中央に移動し、設備も機能的に。横並びにダイニングコーナーがつながっている。左 リビングも天井板を取り、梁の美しさを楽しめるようにしている

玄関の扉は和の風情。人が大勢集まる機会が多いので、開口部もポーチも広くとっている

雅俊さんの希望は、高校卒業まで住んだ懐かしい家の雰囲気を残して、屋内じゅうを明るく暖かく、使いやすくすることでした。

リフォーム計画が始まった頃に第三子を妊娠中だった奥さまの千春さんは「ゼロ歳児から八十代までの同居ですから、温度差が少なく、転倒の危険もない、暮らしやすい住まいにしたかったんです」と振り返ります。

完成した家は、風格はそのままに、洗練された空間へと生まれ変わりました。玄関は、板間の広間に。天井板を外したときに現れた梁も、しっかり生かすことができました。

上 トイレは広く、車椅子でも入れる。タンクレストイレなので掃除も楽。下 浴室は離れに住む祖母も使用するので、引き戸にしてバリアフリー化。洗面所も広く、使いやすい。どちらも温水ヒーターで暖房を

玄関ホールの間仕切り壁の裏には、家族の出入り口がある。壁面には大きな靴箱を設けた。おかげで、来客の目には玄関はいつもすっきり

フローリングを基本にした段差のない屋内で、唯一残したという和室とリビングの境壁には、新しく戸袋を設けました。ふだんは襖をしまっておき、さらに庭に面した廊下の障子をすべて開ければ、常に家族の気配を感じられる大空間になります。また、キッチンや廊下には天窓をつけ、昼間は日の光だけで明るく過ごせるようにしました。

冬の寒さ対策では、室内や廊下にヒートポンプ式の床暖房を入れ、浴室、トイレには温水ヒーターを設置しました。壁にもくまなく断熱材を入れることで、建物の中はどこも同じ温度になり、快適に暮らせます。

リフォーム後は、母屋に雅俊さん一家五人、離れに祖母と母が生活するようになりました。毎日の食事は母屋のキッチンで母と千春さんがいっしょに作り、家族全員で食卓を囲みます。

「この家をたいせつに思っていた祖母も喜んでくれました。子どもたちのためにも残せてよかった」と雅俊さん。

盆や正月には親戚も二十人以上集まるという瀬谷家。明るく快適に変身した住まいの評判も上々です。

DATA

- 家族構成：5人、離れに母と祖母
- 完成年月：2011年9月
- 築年数：約200年
- 延べ床面積：174.25㎡
- 構造：木造平屋建て
- 設計・施工：住友林業ホームテック

0120-5-46109

http://www.sumirin-ht.co.jp

間取りと改築のポイント

BEFORE

築200年以上の家。台所以外はすべて畳の間だった。玄関を入ると正面に客間、奥に茶の間。東西に6つの和室があった。北側は暗くて寒く、冬は家族みんなが茶の間のこたつに集まって過ごしていた

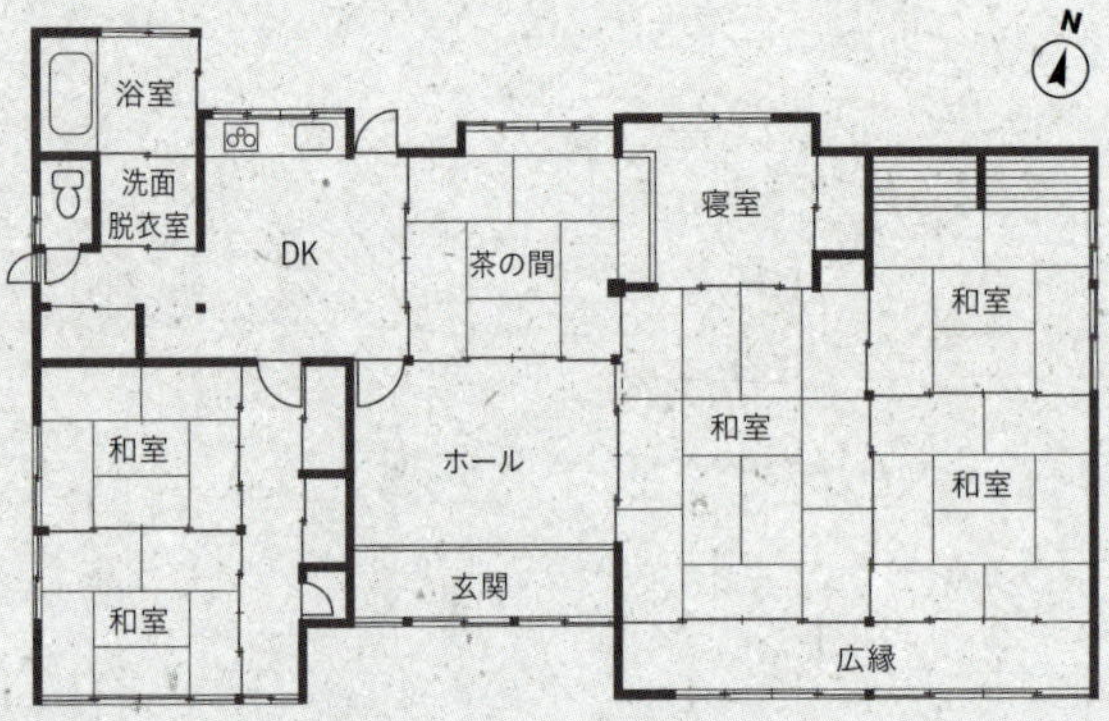

以前の母屋の広縁の前。父の代にも一度リフォームしており、内外の建具類はそのときに替えている

AFTER

キッチンを移動し、茶の間・和室・広縁を一体にしたLDKに変更。玄関もゆったりと広くした。西側の和室をなくして子ども部屋をつくり、北東の和室は寝室に変更。仏間だけを和室のまま残した

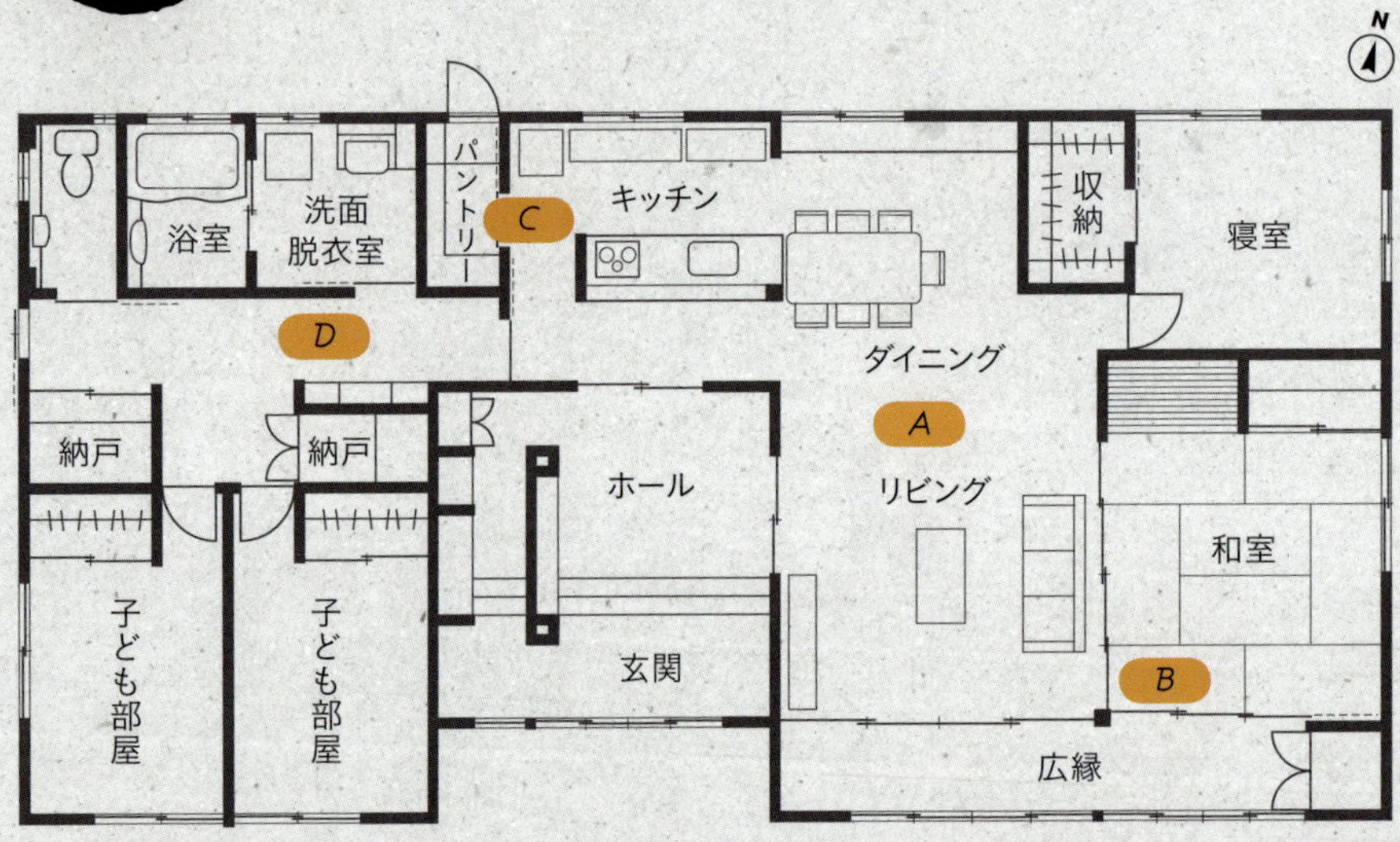

全体に寒さ対策を

冬が長い地域で、寒さ対策はいちばんの課題。トイレや浴室などはかなり冷えていたが、外壁すべてに断熱材を入れることで、大空間の温度差を解消することができた

本家らしい風格を漂わせる玄関。外壁も化粧直しすることで、凛としたたたずまいに

住友林業ホームテック・
鈴木成治さんのコメント

構造が不安定な箇所は壁量を増やして補強し、ご要望の古材を再利用して設計。温度差をなくすとともに、オール電化による省エネ化とバリアフリー化も徹底し、ご家族様に安心で快適な住まいを実現しました。

200年を超える古材の重厚さや、造作の美しさを現代に生かす

右 和の造作となじみ、穏やかな雰囲気を醸し出すフローリングのリビング。ローテーブルは、床の間の床板と床柱でつくった。
左 江戸時代の木組みも洋の空間によく似合う

廊下の本棚やパントリーなど随所に収納を確保

上 勝手口のパントリーは千春さんのたっての希望。備蓄食品や畑の野菜も保管できる。下 天窓のある廊下には、家族みんなの本棚をつけた

残した和室は戸袋を設け、大空間に

リビングと仏間の間の襖は戸袋へ、広縁側の障子も敷居を4本つけて片側に寄せられるようにしたため、いつでも和室とリビングがひと続きの大空間に。来客時も便利で、床暖房などのおかげで冬でも暖かい

CASE 3

明るい日差しが差し込む家

柱や梁などの古い材を生かしつつ、開口部を広くとって明るく。子どもの成長に合わせて、機能的な収納を確保。

兵庫県 神戸市―西浦邸

九十年にわたって四世代が暮らしてきた西浦さん宅。これまで数々の補修や改築を重ねてきましたが、雨漏りに悩まされ、阪神・淡路大震災ではゆがみや亀裂も生じていました。また、三人の息子たちにそろそろ子ども部屋を持たせたいとも思っていたそうです。

建築家の村上隆行さんにリフォームプランを相談するにあたり、ご主人の猛夫さんは、祖父や父が守ってきた家なので、古い部材はできるだけ残したいと依頼。また、奥さまの和美さんは、明るくて、収納も充実した機能的な住まいを希望しました。

そこで、これまでの構造を大きく変えることなく、住みやすさを向上させることに。「しかし、実際は柱や梁のゆがみや傾きが大きく、工事は、まずはそれを調整するところから始まりました」と村上さん。

家全体を明るい空間にするため、玄関やキッチンの開口部はできるだけ広くとることになりました。和室三室は洋間に変え、一室はキッチンとつなげて家族が集まるLDKに。高窓を設け、上からの光もたっぷり降り注ぐよう工夫しています。さらに、家全体に断熱材を入れ、すきまも極力なくすことで気密性を高めるなど、寒さへの備えも入念です。

また、勾配屋根を手前に延ばしながら増築してあった家は、表側ほど床が下げられ、段差も多かったといいます。延長された軒を切り、水平屋根にするとともに、屋内の段差を減らしたことも、このリフォームでの大きな改造ポイントでした。

建造時からの深い勾配屋根と、新しくした水平屋根を組み合わせた個性的な外観

光が届かないダイニングキッチンは、昼間も電灯をつけなければならない暗さだった。細い柱も邪魔。家族が集まるには狭かった

円卓を置いたダイニング。キッチンのカウンター外側には、オープン収納ができる棚も

4室分を使った、明るく開放感のあるLDK。右側には大きく開口をとった家族用玄関をつくってある。キッチンもいつも明るい

念願だった子ども部屋は、小屋裏の空間を活用した二階につくりました。天井が高くゆったりしているうえ、水平屋根の屋上バルコニーにもすぐ出られます。子どもたちは、新しくできた個室で勉強したり、屋上で遊んだりと、以前に増してのびのびと過ごしているそうです。

「建て直しも覚悟していましたが、こんなにモダンに変身するとは。今はとても快適です」と話すご夫婦。「息子たちも気に入っている。末長く住んでくれるとうれしいですね」

右 母の部屋から、浴室やダイニングにつながる廊下は、フラットなバリアフリー。スギ材の木のぬくもりが漂う。左 太い丸太の構造材はそこここに見える。新材と組み合わせ、耐久性も高めている

DATA

- 家族構成：6人（70代母、30代夫婦、子ども3人）
- 完成年月：2005年12月
- 築年数：90年
- 敷地面積：480㎡
- 延べ床面積：282㎡
- 構造：木造2階建て
- 費用：約2500万円
- 設計：村上隆行(eu建築設計)
  兵庫県神戸市北区淡河町勝雄369
  TEL･FAX 078-201-7481
  http：//www.at-eu.com
- 施工：㈱鷲尾工務店

右 奥側にあった和室を、洋間の寝室に変更。梁を生かすことで、落ち着いた雰囲気になった。大きな照明も似合う。左 子ども部屋は小屋裏を活用。可動式の収納棚で仕切って、3人それぞれの空間をつくった。壁やドアがないので、一緒に遊ぶ時間も自然と増える

間取りと改築のポイント

BEFORE

ほとんど和室だけで構成されて、家族が集まるリビングやプライバシーを保てる個室がなかった。暗さのほか雨漏りや亀裂も悩み。屋内に段差も多かった

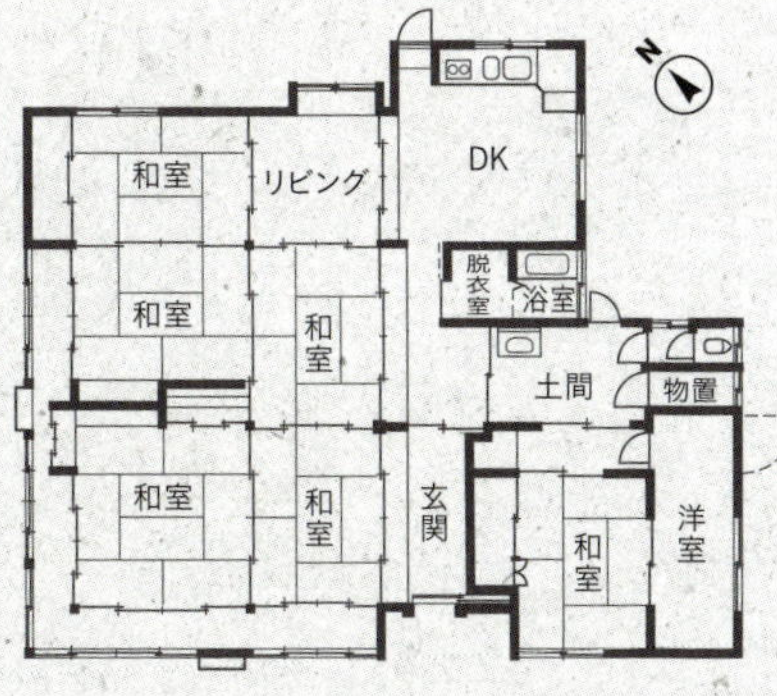

AFTER

中央に、ダイニングキッチンとリビング、ホールが一体になった明るい空間をつくり、大開口の玄関も設けた。寝室や母の部屋は洋間に変更。広い中2階には子ども部屋とトイレ、洗面台をつくった

設計者・村上さんのコメント

古い構造材の重厚感、機能性はもちろん、施主様の「住みつなぐ」気持ちを地域に示す外観にも熟考しました。

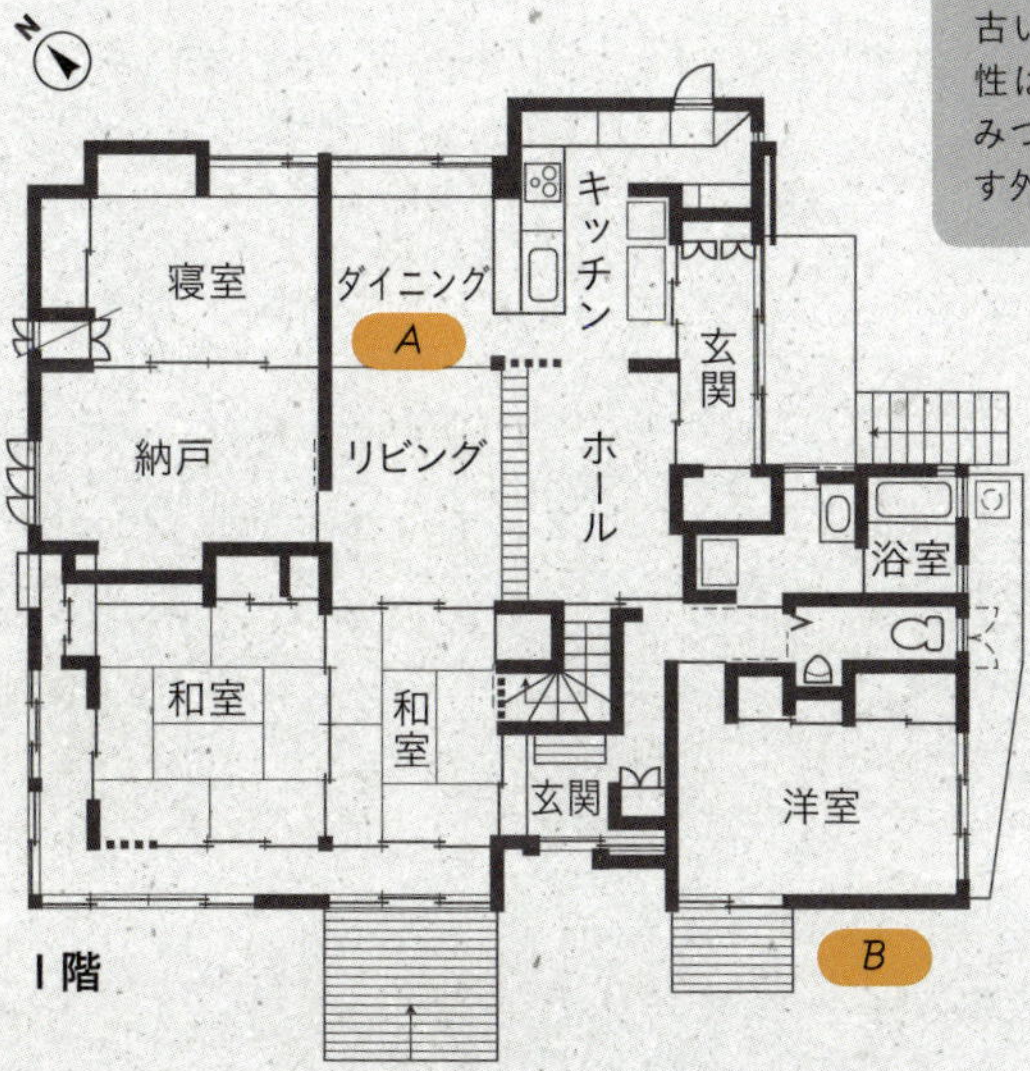

1階

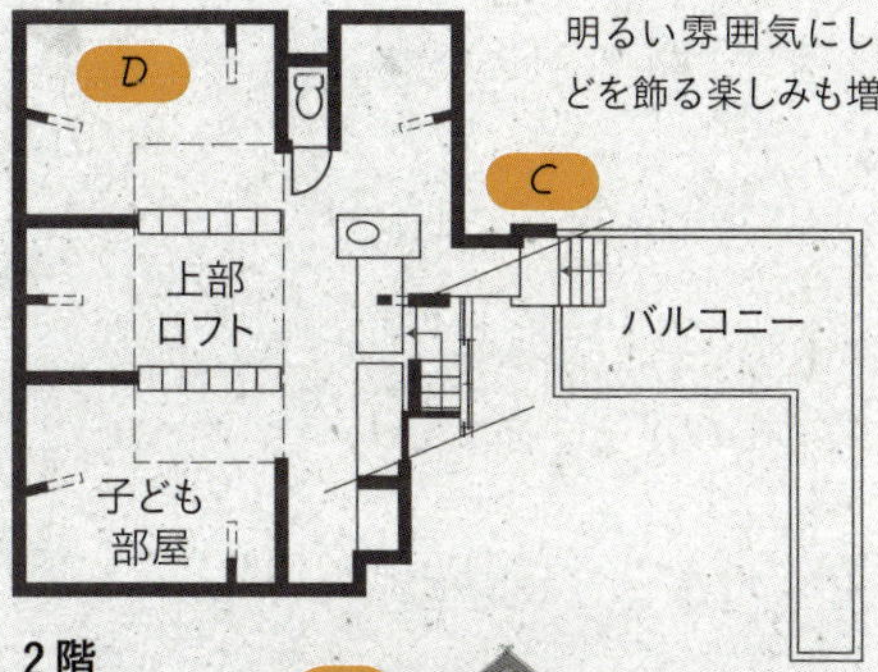

2階

明るい板材を豊富に使い
部屋全体を現代風に

新規の造作部分にはナチュラルな色みの材を使い、すっきりと明るい雰囲気にした。雑貨などを飾る楽しみも増した

子ども部屋の仕切りを兼ねた
ボックス収納で、成長後も安心

3人のスペースを収納棚で仕切ったオープンな子ども部屋。この棚は可動式なので、成長し、巣立った後は、間取りを変えるのも簡単

新たに設けた中2階に
開口部をつくって明るく

瓦屋根を金属葺きにして、光を取り込む窓をつくった。子ども部屋もじゅうぶんに明るい。跳ね上げ式のドアからはバルコニーに出られる

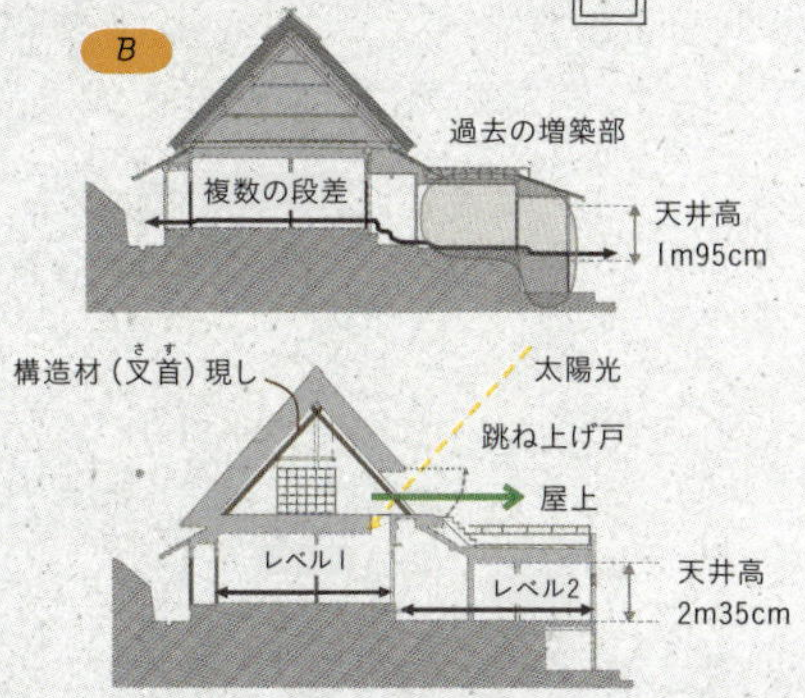

1階の不規則な段差は
屋根をつくり替えることで解消

繰り返された増築により、表側ほど天井高が低く、床を下げて高さを確保してあったため、屋内には複数の段差があった。水平屋根に変え、段差は座敷とそれ以外の2段階に集約

CASE 4

黒い梁と白い壁の家

合板に隠されていた黒い梁《はり》と白い壁のコントラストを生かし、新しく光庭も設けて、家族五人がゆったり暮らせる和洋折衷の住まいに。

大阪府 泉佐野市―Y邸

Yさん宅の五人家族がいつも集まるのは、天窓や中庭、南に面した大きな窓からの明るい日差しが気持ちいい、続き間のリビングとダイニング。黒い柱や梁と白い漆喰壁に、モダンな家具がよく映えます。先祖代々住み継いできた家ですが、改装前の家の中は、日中でも照明が必要なほど暗く、風通しの悪さにも悩まされてきたといいます。

「嫁いでから五十年の間に、風呂場は二回移動したし、土間だった台所もフローリングに変えました。応接間やトイレにも、ちょこちょこ手を入れてきましたね」

頻繁に改修を重ねても、年々老朽化は進むばかり。息子さん一家四人は鉄骨造の離れに住み、母屋では一人で生活していたYさんは、これ以上修理を加えるよりも、いっそ建て替えようと考えていました。ところがある日、息子夫婦からリフォームの提案を持ちかけられました。

「長年住み続けた家だから、壊さずに、リフォームして守っていきたいと言い出したんです。これには驚きました」と、当時を振り返るYさん。

しかし、こんな古い家をよみがえらせることができるのか、半信半疑だったそうです。

息子さんが専門誌やインターネットで収集した情報を見せてもらい、親子でじっくり相談を重ねたすえ、古民家再生に関して二十年以上のキャリアを持つ建築家・平井憲一さんに依頼することに。この時点で、リフォームを決めてから、すでに二年がたとうとしていました。

いちばんいい場所にあった南向きの玄関ホールをずらし、ダイニングとリビングを設置。天井板を取り払って、小屋組を見せた。新しくつくった中庭や天窓のおかげで、室内全体がぐんと明るく

リフォーム前の玄関ホール。以前の家はたび重なる改修で、天井や壁のほとんどが合板で覆われ、日本家屋本来のよさが失われていた。光や風を通す開口部も少なかった

歳月を経た梁や柱の黒さ、
塗り替えた漆喰《しっくい》壁の白さを
生かしたリビング。床材や
家具も白で統一して、モダ
ンな雰囲気にしている

右 リビングは南側の玄関だった場所。同じ床材のテラスもつくり、広い窓を通して庭までひと続きの印象に。部屋が広く見える工夫のひとつ。
左 位置を少しだけ移動した玄関には、代々伝わる絵皿をディスプレイ。玄関奥の光庭からガラス越しに光がたっぷり入る

平屋のYさん宅は、屋根が2段階になった錣《しころ》葺き。古い屋根は壊し、元どおりの姿に葺き替えた

リフォーム工事ではまず、将来も安心して住めるよう基礎からやり直し、そのうえで暗さや風通しの悪さ、寒さなどを解消することになりました。また、同居を決めた息子一家のためにも、「和風」にこだわらず、現代のライフスタイルに合う空間にすることも大きなテーマでした。

家の中心には家族が集えるリビングとダイニングキッチンを設け、光と風を呼び込む光庭(中庭)を新設。二人の孫の個室もつくったほか、Yさんの居室のそばにはバリアフリーのトイレと浴室も置きました。

そのできばえにYさんはおおいに満足。以前は朝起きるとすぐに電灯をつけていましたが、今では朝日とともに気分よく目覚めます。

「きれいなダイニングで、家族みんなで食事できるのもうれしいです。食後は孫たちとソファでくつろげるし、毎日がとっても楽しいんですよ」

DATA

- 家族構成:5人(Yさん、40代夫婦、子ども2人)
- 完成年月:2006年11月
- 築年数:130年
- 敷地面積:1090㎡
- 延べ床面積:235㎡
- 構造:木造平屋建て
- 費用:3200万円
- 設計:平井憲一建築事務所
  大阪府大阪市住之江区南港北2-1-10
  ATCビルITM棟10-D-1-60
  TEL 06-6614-5522 FAX 06-6614-5533
  古民家再生ネットワークhttp://www.kominka.ne.jp
- 施工:㈱日の出組

間取りと改築のポイント

BEFORE

本来は日当たりのよい場所は玄関や和室にとられ、ふだんは使わないもったいない空間に。LDKも暗かった。左端の洋室がYさんの居室。息子一家は別棟に住んでいた

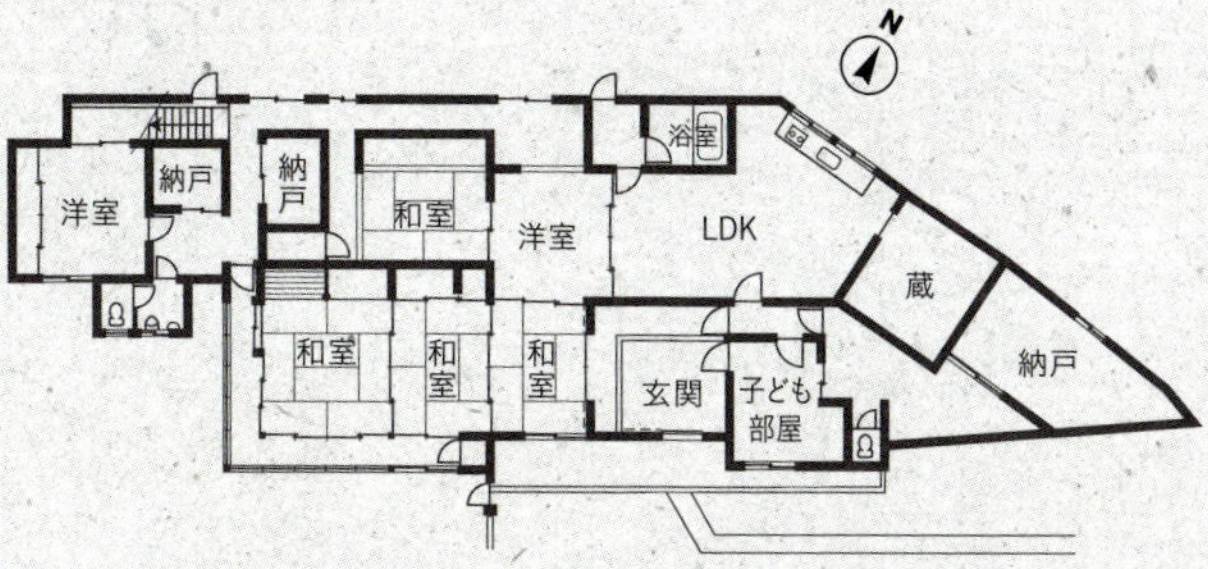

AFTER

玄関の位置を東側にずらし、家族が集まるリビングを設置。屋敷蔵とダイニングの間には光庭をつくり、光や風の通り道を確保した。北側や蔵の横には息子夫婦の寝室や、高校生と中学生の孫の個室も用意。親戚が集まる和室3室は壁と畳だけを化粧直しした

建築家・平井さんのコメント
光庭を設けたことで、風と光のある家に。明るく開放的な団欒スペースをつくりたく、リビングを南向きに配置しました。

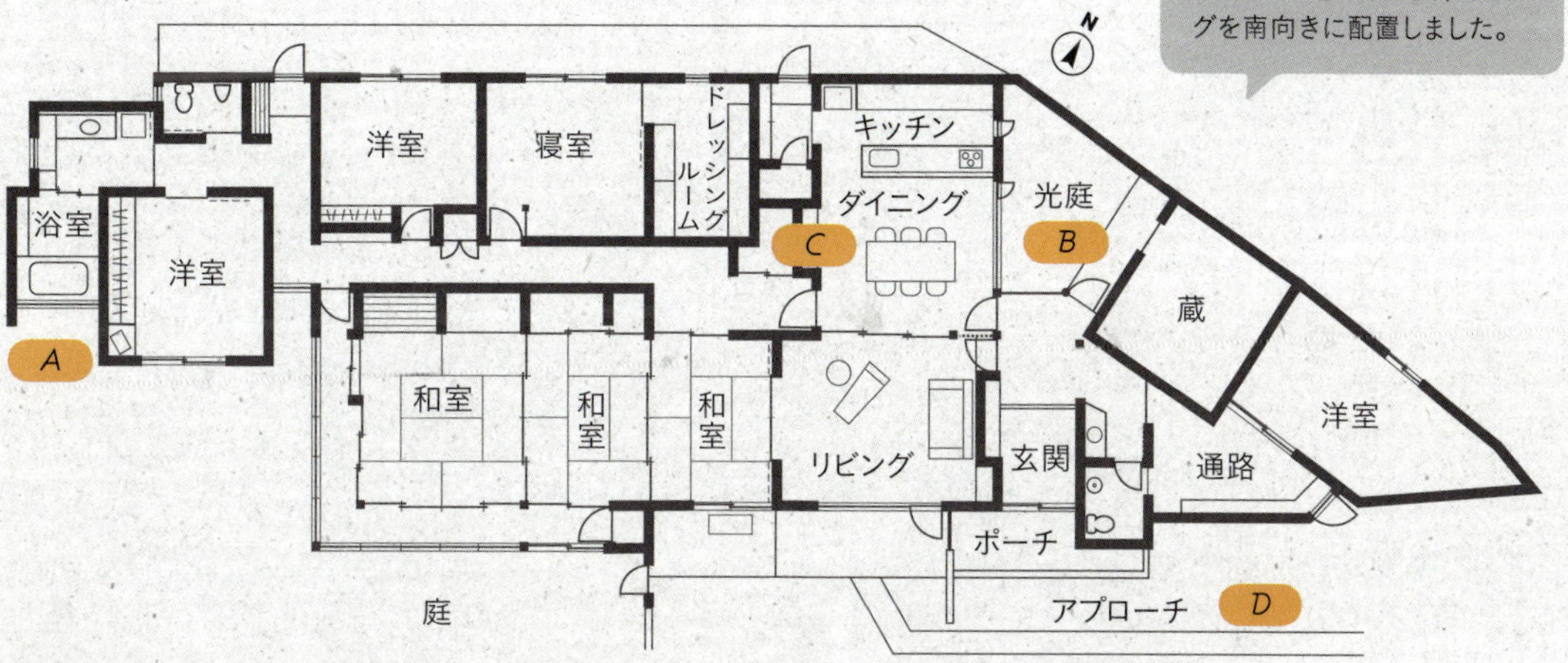

建物の外観と庭に合わせ アプローチは純和風に

門屋から玄関に向かうアプローチは、建物の外観に似合うよう、和の雰囲気をたいせつにした。苔や庭木の風情も美しい

ダイニングキッチンも 光をたっぷり取り込む

ダイニングキッチン横の光庭から、北側の落ち着いた光が入る。オープンなカウンター下は、ダイニング側から使える収納

光庭を増設し 採光や風通しをよく

元のLDKの一部を壊して設けた光庭。蔵の前には濡れ縁もつけた。外部からの視線を気にせずにくつろげる場でもある

A

お母さんの部屋の そばに水まわりを設置

Yさんの居室の横に車椅子でも楽に使えるトイレと浴室を設置。居室からダイニングまでの通路もバリアフリーに

CASE 5

客人を招く家

代々だいじにしてきた二つの和室以外を現代のセンスが光る、洗練された空間に。

岐阜県 関市 伊縫邸

伊縫《いぬい》さんの住まいは、もともとは曾祖父が八十年ほど前に建てた平屋でした。その後、二階を設けたり要所に手を入れたりと改築を重ねてきましたが、父が別に家を建ててからは十年以上空き家のままだったといいます。ここを家族で受け継ごうと決めたのは四代目の正人さん。

「床は腐り、建て替えるしかないと思っていたのですが、見に来た業者さんがみな〝いい材を使っているので、壊すのはもったいない〟と言うのを聞き、残す道を選びました」

父の望みで、建具も美しい二室の和室は親族が集まるときのために残し、それ以外の部分は、若い家族の暮らし方に合うよう、間取りを全面的に変更。シックな黒を基調にした、デザイン性の高い和モダンな空間に

左 外から見れば、純和風のたたずまいの伊縫家。深い軒も元のままに修復した。下 和室の天井を生かし、モダンな雰囲気にした玄関。飾り壁の右が家族、左が来客用の入り口

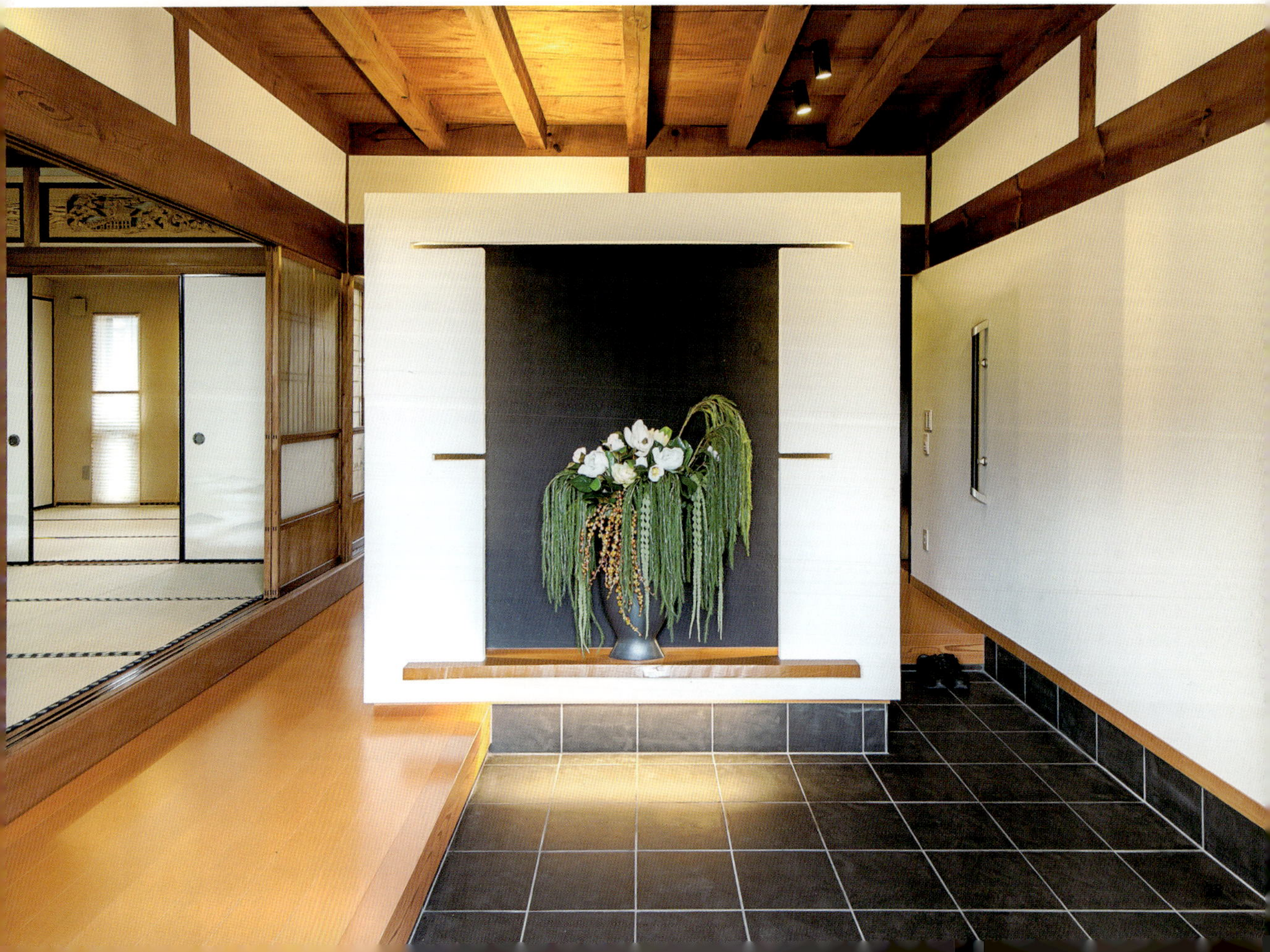

伊緒家でいちばん広い部屋がリビング。畳コーナーの奥のキッチンは、使わない時間はロールカーテンを閉める。キッチンカウンターは子どもたちの勉強コーナーにもなっている

することが、いちばんの方針でした。

完成した住まいは、正人さん一家も驚くほどの変身ぶり。位置を変えて広々とした玄関や、小さな子どもたちがのびのびと過ごせるリビングなども家族みんなのお気に入りです。「耐震性も強化しました。伝統建築の職人さんたちがリフォームしてくれたので、構造的にも安心です」

右 2階への階段はリビングの隅に移動。宙に浮いたようなイメージにした。左 玄関の奥にある来客用の手洗い。和風のタイルを選んで、落ち着きを持たせている

右 2階の寝室は、天井板をなくし重厚な梁を生かした。あちこちに取りつけた間接照明は、点灯の組み合わせを変えて雰囲気の変化を楽しめる。左上 玄関の飾り壁の裏側は、たっぷりとしたクローゼットになっている。左下 明るい廊下に囲まれた和室も、使いやすくなった

一家がとくに感激したのはリビング。

「ホテルのような洗練された雰囲気。しかも私たちの暮らし方に合わせてデザインされていて、実際に生活してみると、とても住みやすいんです」

新しいキッチンでは、庭で遊ぶ子どもたちを見ながら、食事の支度をすることができます。また二階には、寝室のほかに正人さんの書斎や子ども部屋もできました。

今では、美しくよみがえった住まいに、知人を招くこともしばしば。玄関に入って驚く顔を見るのも楽しみだとか。代々の歴史をたいせつにした、自慢の家になりました。

DATA

- 家族構成：4人（30代夫婦、子ども2人）
- 築年数：80年
- 完成年月：2010年11月
- 延べ床面積：197.59㎡
- 構造：木造2階建て
- 費用：2900万円
- 施工：住まいプロ ホームウェル 東陽住建*1
  問い合わせ／LIXILリフォームチェーン*2
  0120-179-346

＊1）2015年4月よりLIXILリフォームショップ東陽住建に店名変更
＊2）2015年4月よりLIXILリフォームショップに名称変更

BEFORE

田の字のつくりの和室4室に、玄関と応接間、DKが付属する間取り。増築した2階も和室中心の3室があった。冬が寒いので、両親は敷地に別の家を建てて移り、長く空き家だったため床も腐っていた

2階

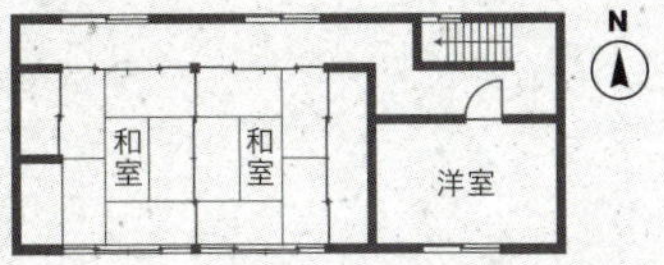

1階

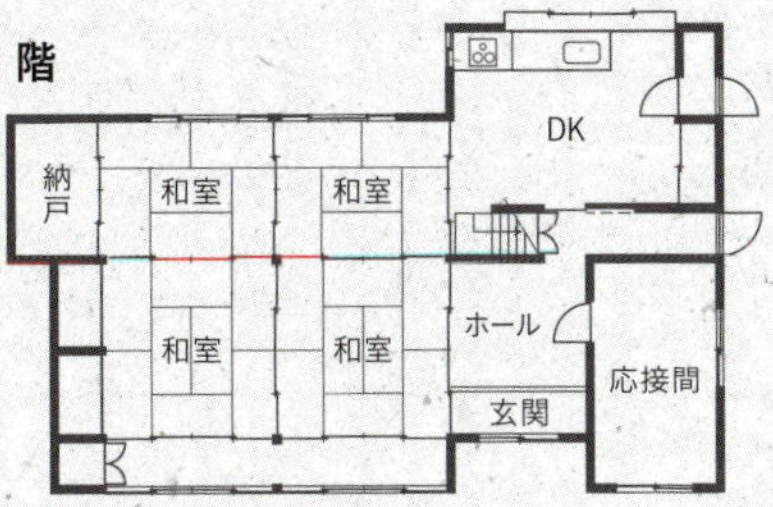

AFTER

和室2室を玄関ホールに変え、元の玄関・応接間・DKをまとめて、広いリビングダイニングに。フローリングには床暖房を入れた。一部には掘りごたつ式の小上がりも。2階は洋間の寝室と子ども部屋、書斎

2階

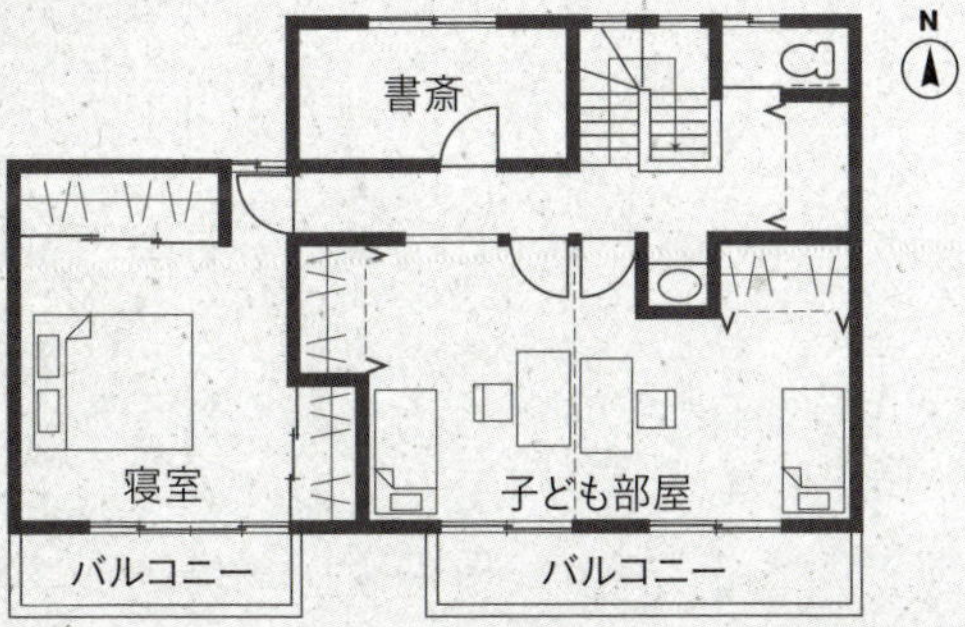

1階

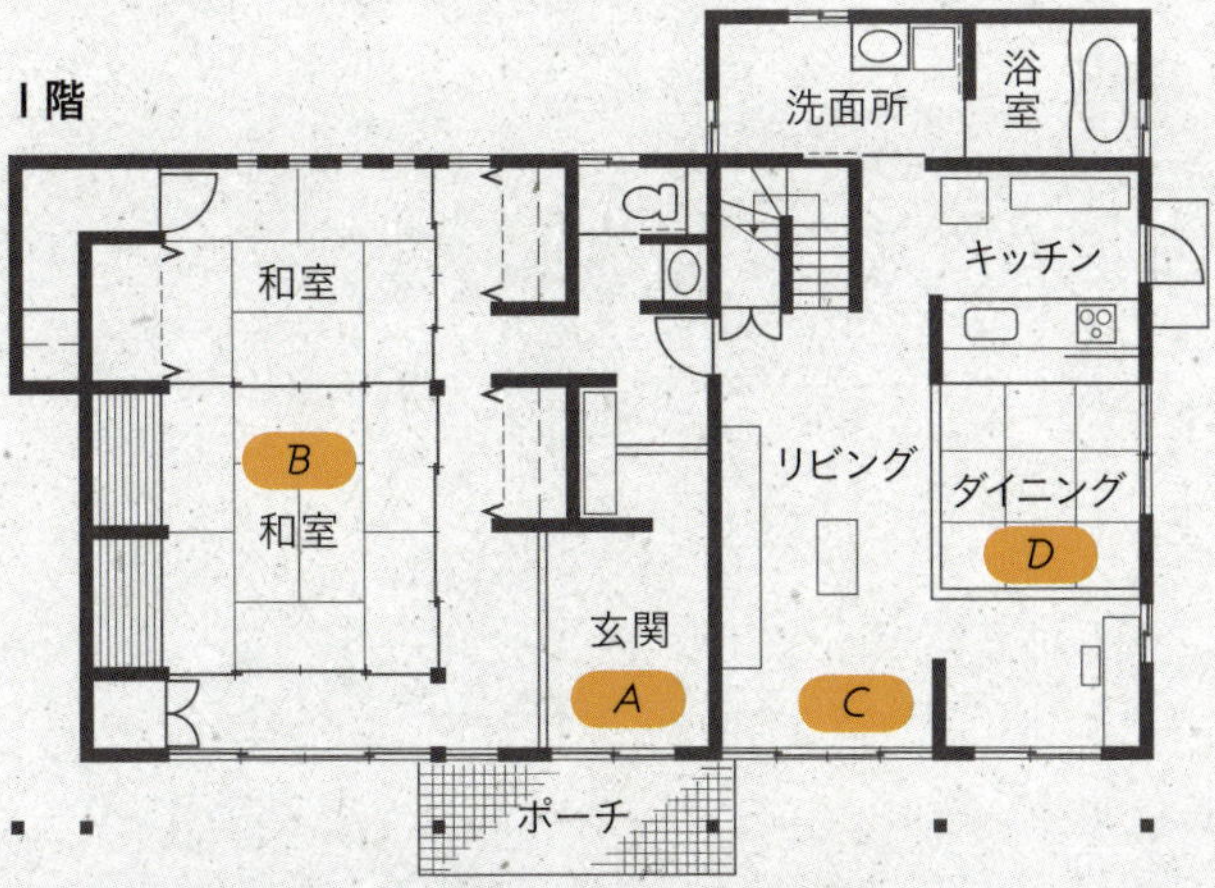

トータルアドバイザー・中井さんのコメント
構造的にもデザイン的にも、工夫満載の住まいに生まれ変わり、ご家族の思いが受け継がれるお手伝いができました。

間取りと改築のポイント

A

玄関の位置を変えて広いホールを

紙漉き用の板を天井に張った、曾祖父こだわりの和室を新たな玄関に。飾り壁の奥のホールには、来客用のトイレや豊富な収納をまとめた

2間の和室を残して神棚を新設

和室は親族の集まりなどに必要という父の希望で、2室を残して、壁や天井も新しくした。神棚、欄間、仏壇なども新しくしている

既存の柱を生かして強度を確保

広くつくったリビングダイニングにも、耐震性を考えると取ってはいけない柱や壁もある。ここでは壁を残し、一部を抜いて軽快に

D

畳の小上がりを設けてゆとりスペースを

キッチンの前は、畳を入れた小上がりのダイニングコーナーにした。テーブルは掘りごたつ式なので足も楽。畳の下には収納もできる

CASE
部分リフォーム

石川県 加賀市｜森邸

赤いキッチンの家

昔ながらのDKを、家族と対話しながら食事の用意ができる対面式に。赤色をベースにモダンに変身させ、広いくつろぎスペースを実現。

以前の壁づけキッチンから、オープンなカウンター式のシステムキッチンに。娘の知香子さんの希望で、食器洗い乾燥機やIH調理器のあるタイプを選んだ

森さん宅は、家族の人生の節目ごとに、幾度かのリフォームを繰り返してきた、築百五十年の建物です。現在は、八十代の勇太郎さん夫婦を筆頭に、宏一郎さん・由美子さん夫婦、娘の知香子さん夫婦、二人の孫まで、四世代の家族八人と愛犬のメロンがひとつ屋根の下で暮らし、一家で、米を中心に大豆やお茶の生産をしています。

大家族のうえ、来客も多いので、毎日の食事の仕度や後片づけはたいへん。とくに以前のダイニングキッチンは、使い勝手がよくないのが悩みでした。狭くて家事動線が悪く、家族が集まって食事をすることもできません。料理の上げ下げのたび、キッチンと大広間を行き来するのも手間でした。

「おまけに天井が低くて圧迫感があるし、窓も小さくてとても暗かったんです。冬はすきま風が入ってきて寒いし、ほんとうにいやでした」と由美子さん。

そこで、三代目の宏一郎さんが農業に専念するため会社を退職したのをきっかけに、思いきって、キッチンや水まわりをメインに部分リフォームすることに決めました。

「せっかく工事するなら、妻や娘たちが気持ちよく家事ができるように」と宏一郎さん。

家族で何度も話し合うなかで、キッチンを広げて、みんながゆったりくつろげるスペースをつくろうという案に。また、知香子さんの希望で、真っ赤なシステムキッチンも設置することを決めました。

奥がL字形になっている森邸。表側は以前のリフォームで広げ、玄関を入るとすぐ左にDKがあった

システムキッチンの横には大きなダイニングテーブル。家族そろって椅子で食事できるようになった

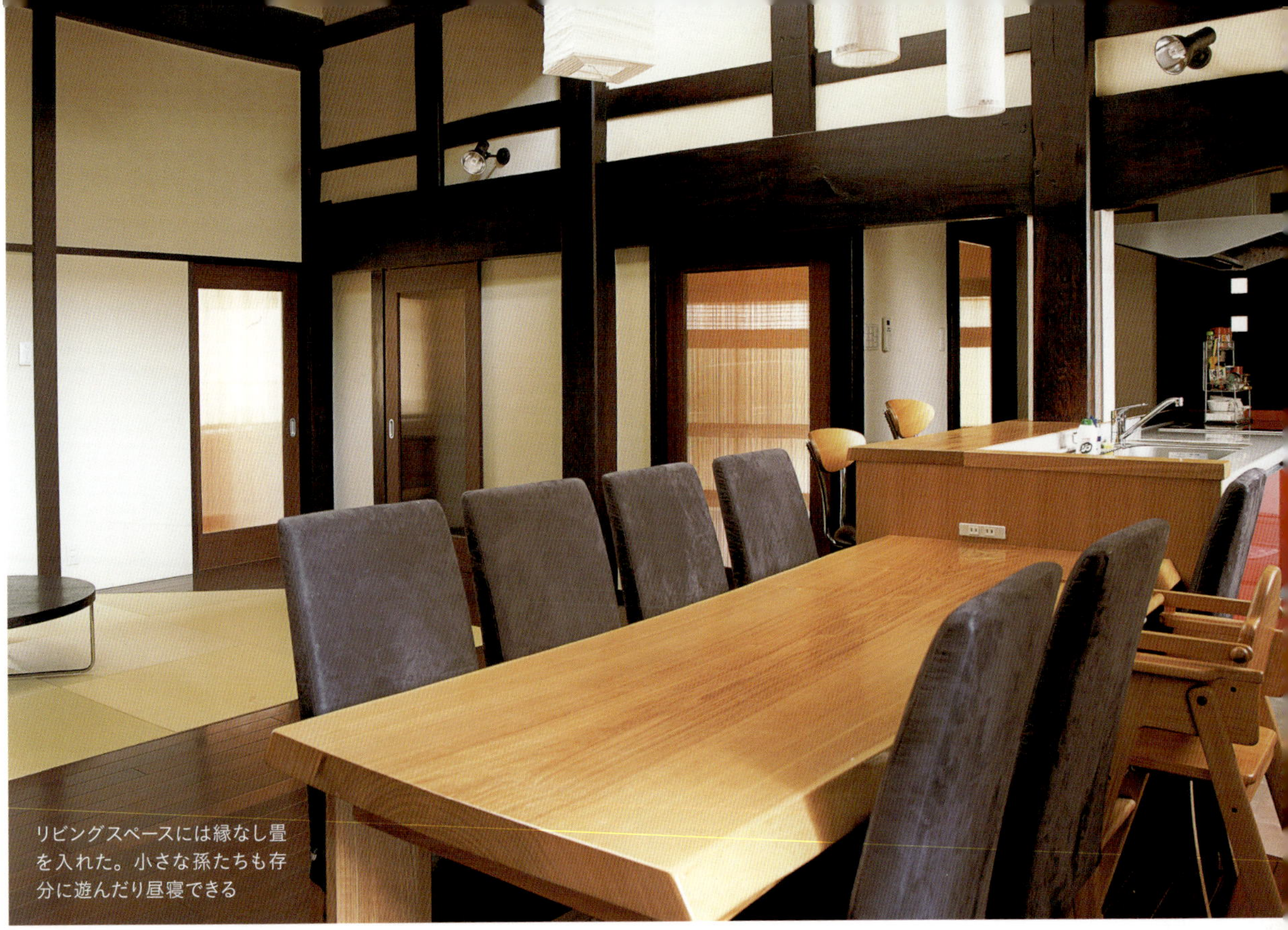

リビングスペースには縁なし畳を入れた。小さな孫たちも存分に遊んだり昼寝できる

玄関ホールから廊下を抜ければ、30畳の広々LDK

要望を聞いた施工会社の今井猛さんは「歴史を感じさせる柱や梁を生かしつつ、明るくて使いやすいスペースをめざしました」とのこと。

まずは、二階部分を壊して天井を吹き抜けにし、広々と気持ちのよい空間を確保。さらに二間の大広間の間仕切りをなくし、三十畳分のLDKをつくることにしました。

完成したオープンキッチンは、鮮やかな赤が映え、おしゃれなレストランのよう。もちろん使い勝手も抜群です。家事をしながら孫の面倒もみられるし、家族での会話も弾みます。娘夫婦がカウンターでお酒を楽しむなど、食事後もみんなでのんびり過ごせるようになりました。

「収納もたっぷりあって片づけやすいですね。私の友だちも、以前に増して遊びに来るようになりました」と由美子さん。娘とともにキッチンに立つ時間も楽しみです。

上 趣のある漆塗りの引き戸は、あえてそのまま残している。細工の美しい引き手も、この家の歴史の証し。**下** 年月を経て黒光りした柱や梁は、空間を引き締めるたいせつな要素として生かした

DATA

- 家族構成：8人（80代夫婦、60代夫婦、40代娘夫婦、子ども2人）
- 完成年月：2004年12月
- 築年数：約150年
- 構造：木造2階建て
- 費用：1600万円
- 設計・施工：喜多ハウジング小松支店
  石川県小松市日の出町1-152
  TEL 0761-23-2130 FAX 0761-23-2215
  http://www.kita-net.co.jp

間取りと改築のポイント

施工会社・今井さんのコメント
黒い梁や昔ながらの帯戸に現代的なシステムキッチンがしっくりと調和するように、家具や空間づくりを考えました。

以前は玄関を入ると左にDKがあり、ここで食事の支度をして、大広間に運んでいた。DKは狭くて暗く、収納も少なかった。2間の大広間の間仕切りをなくして、明るく広いLDKに。家の奥にあった浴室もキッチン横に移動した

B

高窓と吹き抜けで開放的な空間に

納戸があった2階部分を壊し、キッチンの天井を吹き抜けにした。高窓から明るい光が入る。天井が高くなり、大きな照明器具も似合う

A

濃淡が美しく調和する赤色コーディネート

くっきりとした赤いシステムキッチンに合わせて、室内の色づかいには統一感を持たせた。椅子をはじめ家具の色もコーディネート

右 面材に艶やかな鏡面を使用したシステムキッチンは、漆を思わせる質感。収納部の扉の一部は半透明のものを選んで、明るさと軽やかさを出した。
左 赤みのある漆塗りの引き戸や、それに似た色調のフローリング材が、空間に落ち着きを添える。紫色や黒の椅子も、モダンな雰囲気を醸し出す

C

キッチンとダイニングテーブルは横並びに

システムキッチンとテーブルを一列に配置することで、家事動線は格段にアップ。行き来が楽なうえ、家族も配膳の手伝いがしやすい

快適に住むためのリフォームのコツ

快適で暮らしやすい家にするため、まず検討したいことは？
目的によって、方法や考え方はさまざまです。

リフォームは、どのようなタイプがありますか？

まず一般的にみて、戸建て住宅のリフォームには、求める内容によってさまざまな段階があります。大きくは、①修繕、②設備更新、③性能向上、④模様替え、⑤増改築の5段階になるでしょう。

①修繕

傷んだところや壊れた箇所の修理です。基礎や梁、柱、床、階段など主要構造部に傷みや欠陥が出た場合は、表面だけを補修するのでなく、その原因から取り除く必要があります。また傷んだ外壁の補修、ずれたり破損した瓦屋根の修繕、屋根の葺き替えなどもこれに含まれます。

②設備更新

老朽化したり、生活スタイルに合わなくて使いにくかったりする設備系を、新しいものに取り替えるリフォームです。とくにキッチンセットや浴室、トイレ、洗面、給湯設備などの水まわりがポピュラーでしょう。配置の変更も行う場合は、給排水管、電気配線などの工事も必要です。

③性能向上

建物自体の性能をアップさせるためのリフォームです。壁や天井、窓を断熱仕様にする、床暖房を入れる、屋内各部をバリアフリー化する、耐震性を強化する、防火・防犯性能を高める、などが挙げられます。手すりをつけたり窓のサッシを交換する程度の小工事から、床や壁を全面的にはがすような工事まで、目的によって工事規模はさまざまです。

④模様替え

間取りは変えずに、内装だけを変えるリフォームです。壁や床を張り替えたり、つくり付けの収納を増やしたり、床下や壁内に新しく配線したりというだけでなく、和室を洋間に変える、窓を増やすといったケースも含まれます。

⑤増改築

建物の床面積を増やして、必要な部屋や浴室、トイレなどを追加するのが増築。既存の床面積のまま、間取りなどを変更するのが改築です。また、子どもが独立するなどで使わなくなった空間を取り去り、必要な居住スペースをより快適なものに変える場合は減築と呼びます。

これらは、どれかひとつのやり方を選択するというものではなく、必要に応じて組み合わせていくことになります。とくに⑤の増改築の場合は、①から④のすべてを含むケースが多くみられます。

古い家をリフォームする場合、どんな方法がありますか？

長い歳月を経た木造在来工法の家は、元のままの姿でしっかり建っているものから、各所に傷みが顕著なもの、増改築を繰り返して使いにくくなっているものなど多様です。建物の状態や住む人の希望により、3つの方法があります。

一般的なリフォーム

柱や梁など建物の構造体には手をつけず、水まわりの設備の入れ替え、床・外壁の補修などをメインに行います。内装の変更も可能です。間取りを含め、家の雰囲気は変えずに、生活の快適さを追求できます。

半解体の状態

半解体リフォーム

いったん壁・床・屋根を外し、柱と梁だけのスケルトンの状態にします。部材の組み手のズレなどを直して建物の傾きを修正したり、基礎を打ち直したりします。耐震補強もできるほか、間取りを大きく変更する場合も、この方法をとります。

全解体リフォーム

建物を一度バラバラにして、柱や梁、その他の部材を洗ってリフレッシュします。強度が落ちている部位は新材などで補強して、再生します。もう一度、完全に組み直すので時間も費用もかかりますが、建物の寿命は格段に延びます。竣工時の状態に戻したり、元の材を使ってまったく違う間取りにすることもできます。

どの方法をとるかは、これから家をどのように残し、どう暮らしていきたいか次第。専門家に状態を見てもらったうえで、じっくり考えたいところです。

古い家に多い悩みと、その解決方法はどんなものがありますか？

寒い

昔の家屋は、断熱性というものを考えてつくっていません。建具を開ければ外同然なので、夏は風が通って快適ですが、冬場は非常に寒い状態です。また増改築などで風通しが悪くなり、夏も湿気がこもるようになっている家もあります。

解決するには、壁や天井、床下に断熱材を入れる、ペアガラスのサッシなどで気密性を上げる、暖かい陽光を取り込むなどの方法があります。

暗い

夏の過ごしやすさが優先された日本家屋は、軒が深く、室内は薄暗いのが普通です。また、客間や座敷が南側にあり、家族が使用する茶の間や台所は、北側の暗い位置にあります。襖などで細かく仕切られていると、外からの光も入りません。

解決方法としては、まずゾーニングを変えること。LDKを、明るい南側や2階に移動します。また昔の窓は1・8m高が多いですが、2・2m高にすると、空の明るさを呼び込めます。天窓を設けるのも手。ただし南側の屋根につけると、夏は室内が非常に暑くなるので要注意です。

さらに空間の連続性をつくること。複数の和室を広いLDKにする、吹き抜けをつくるなどが考えられます。

狭い

建物自体は広いのに、狭さを感じるのは、四畳半、六畳など建具で仕切られているから。廊下が少ないため、通路代わりになって使えない部屋もありがちです。暗さの解決と同様ですが、部屋の間仕切りを減らし、大きく使う方法がおすすめです。

同じ広さでも、大きな開口部や部屋の延長にウッドデッキをつくると、視覚的に広く感じる効果があります。同じ面積なら正方形よりも、L字形などのほうが広く感じるということも知っておきたいポイントです。

耐震性能を高めるには？どんなやり方がありますか？

建築基準法では、かつては震度5程度に耐えればよかったのですが、1981年の新耐震設計基準制定により、震度6強以上でも倒壊しない仕様の建築が求められています。しかし、これは新築の場合。新耐震基準施行以前につくられた建物は既存不適格といい、違反建築物ではありません。リフォームの内容と規模によっては現行基準に適合させなくてはいけない場合もありますが、多くの場合その義務はありません。

金物ではなく仕口《しくち》で組んだ伝統建築は、本来、筋交いなどがなくても揺れを吸収でき、地震に強くつくられています。けれども基礎や柱、梁、屋根などが傷んでいるなら、リフォームで耐補強すれば安心です。

まず、チェックしたいのが地盤。床が傾くような軟弱地盤なら、改良を施します。また、古い家に多いのが、地面に置いた束石《つかいし》に柱を立てた石場建て。束石と柱を増やすだけでもよいですし、地盤の固さに問題があれば、建物の床下全体にコンクリートを打つベタ基礎にすれば、家と基礎が一体になり、強度は増します。

屋内の壁には、耐力の必要な場所に応じて筋交いを加えるとよいでしょう。これで横揺れの力が吸収できます。

土で留めた昔の瓦屋根は重さが気になる場合があります。土を使わない置き方にする、軽いコロニアル瓦や金属屋根に変えるなどの方法も。

立地する地域によっても、求めたい耐震性能はさまざまです。まずは専門家にみてもらうとよいでしょう。

斜めに渡している木材が筋交い

「快適になった！」と効果を感じやすい場所は？

昔の家の台所は、たいていは快適さは重視されずにつくられています。農家も町家も、水や火を使う台所はもともとは土間でした。団欒《だんらん》の場とは離れた主婦の仕事場であり、北側にあって暗く寒いのが当たり前。食事をする茶の間や座敷への行き来も大変でした。改装などで床を張り、ダイニングキッチン風に変えてあっても、リビングとは別の独立型で、家族でくつろげる場所とは言い難い場合がほとんどです。

最小限のリフォームなら、キッチン設備を一新するのがよいでしょう。現在のキッチン設備は、シンクや水栓、レンジフードなどの性能が大きくアップしており、家事負担もかなり低減されます。食器洗い機、オーブンレンジなどをビルトインすれば、見た目もすっきり。揃いの食器棚なども使いやすくできています。

リビングとつなげたオープンキッチンにすれば、生活スタイルは大きく変わります。主婦一人で台所にこもるのではなく、家族の顔を見ながらの家事になり、家族が自然に手伝えるようにもなります。さらに間取りの変更まで可能なら、南側の明るい場所に移せば、快適さも増すはずです。

浴室やトイレも同様。昔は〝御不浄〟と呼んで、トイレは決してよい位置になかったものですが、現代ではその考え方はすっかり変わりました。どちらも掃除がしやすいなど機能性の高い設備が出ています。

明るく気持ちのいい浴室に変え、外に小庭やデッキなどをつくれば、日常を離れたくつろぎの空間になりそうです。トイレも使いやすい位置に設け、明るく清潔な雰囲気に。小さいスペースなので、大胆な壁紙などで冒険しても楽しいでしょう。

どちらもバリアフリー化しやすい場所でもあります。使いやすさと趣味性の両方が、確実につくり出せる場所といえます。

収納部を増やしたいのですが、どんな場所にあると便利ですか？

10年くらい前まで多かったのが、家の端にある納戸をウオークインタイプの収納に変えるというやり方。増えていく洋服は、和室の押し入れには掛けてしまえません。困った結果、この場所を活用すればよいのではと考えられたのです。

しかし、このような場所をウオークインクローゼットにするのが便利かどうか、一度考えたほうがいいかもしれません。中に歩くための通路が必要なのでスペースいっぱいには収納できませんし、つねに整理していないと、日常使うものと季節用品が混在しがちです。また、家族が生活する場所と離れていれば、結局は〝今はいらないもの〟の置き場所になってしまいます。

日ごろ屋内に散らかるもの、出しっぱなしのものを、収納で解決するには、使う場所の近くに収納場所を設けること。また、季節用品など日常使わないものをしまう収納は、生活スペースとは離れた別の場所につくるとよいでしょう。

一般に、和室の押し入れの深さは90cmです。洋服をハンガーにかけるには奥行きがありすぎるので、後ろに奥行き30cmのオープン棚、手前をハンガースペースの収納にすれば、とても使いやすくなります。

家族全員が使う日用品をしまうには、廊下、あるいはLDKなどに壁面収納を設けると便利です。みんなが〝あのへんにある〟と想像できる場所に入れておくのがコツです。

また、あると便利なのが、土足のまま入れる玄関脇のシュークローク。来客の目に触れず、家族の靴だけでなく、ゴルフ道具やアウトドア用品、スポーツ用具、ベビーカー、収穫した野菜などを無造作に置いておけます。いわば昔の農家にあった、勝手口の土間。玄関がすっきりと片づき、来客を気持ちよく迎えられます。

寝室にするなら、和室、洋室どちらがおすすめですか？

高齢になったときに、布団だと不便と感じそうなら、洋間の寝室にしてもいいでしょう。和室の畳を板張りのフローリングにし、壁も板張りや壁紙にするなど内装を変えて、ベッドを置くだけで簡単です。

ベッドは置きたくないといった場合なら、和室でも洋室でも一部を畳敷きの小上がりにして、そこにマットを敷いておくというのも一手です。

最近は、若い世代も布団回帰の傾向があるようです。置いたら動かせないベッドと違い、布団なら、片づければ部屋は自由な用途に使えます。来客用の部屋なども、同様に別の使い方ができるように検討するとよいかもしれません。

また、夫婦で寝室を別にするのも近年の傾向。1人でゆっくり過ごせる場を持ちたいという希望でしょう。かつて子どもが使っていた部屋、ほとんど使用していない納戸など、活用できる場所はいろいろありそうです。

家の中をバリアフリーにするには、どこから考えたらよいですか？

段差のない住まいは小さな子どもからお年寄りまで、誰にとっても危険が少なく、生活しやすいのは確か。リフォームするなら、ぜひバリアフリーにしたいものです。

もっとも取り入れやすい例が、トイレや浴室のバリアフリー化。入り口を引き戸にし、廊下や脱衣所との段差をなくします。和式の便器は洋式に。内部も車椅子で使えるように広くするのが一般的なやり方でしょう。手すりなどの支えもつけます。

屋内の床をフラットにすることもだいじです。吊り戸、引き戸などを使って敷居の段差をなくし、部屋から部屋をつなぐ床を平らにします。家じゅうすべてをフラットにするかどうかは、必要に応じてです。10㎜程度の低い段差はかえってつまずきやすいので、段差を残すなら、最低3〜5㎝はとっておいたほうが、むしろ危険を軽減できます。もっと大きな段差のある場所には、手すりをつければいっそう安心でしょう。

ちなみに、室内をどれほどバリアフリーにしても、玄関や前庭に段差が多ければ、行き来は楽にはなりません。フラットなアプローチ、高い敷居のない玄関なども同時に考える必要があります。

石段などがあるなら、別個にスロープを設けるとよいでしょう。スロープは大きな重い荷物などを台車で出し入れするさいにも活用できます。

玄関内には、ちょっと腰掛けられるベンチや、昔ながらの沓《くつ》脱ぎ石などあると、これも身体の状態を問わず、誰にとっても便利です。

トイレ、廊下、洗面室をバリアフリーに(p.115)

ウッドデッキなども床と同じ高さにすると使いやすい(p.87)

敷地の土蔵や納屋を、生活空間に変えることはできますか？

状態によっては可能です。とくに土蔵は、日本家屋の特色である通気のよさ、全面的な開口、細かく仕切られた間取りといったものとは、まったく違います。たいせつな家財を守るための建物ですから、分厚い土壁でつくられ、窓などの開口部は少なく、採光も考えられていません。また、屋根と壁の間にすきまがあって、中は夏でもひんやりしています。

それを冬も暖かく、かつ生活するのにふさわしい明るい空間にするには、すきまをふさいだり、天窓を設けたりする必要があります。

しかし、温度・湿度の安定した空間ですし、薄暗さもよしとするなら、ぜひ活用を。内部には仕切り壁がないので、新たに壁を建てて、自由に間取りができます。

配管・配線には工夫が必要ですが、キッチン、浴室、トイレなども組み込めます。セキュリティーや防火面でも安心な建物といえるでしょう。

納屋は、もともとの建て方や状態によります。しっかりとした木組みでつくられ、傷みも少ないなら、その骨組を活用して生活空間に変えられます。物置程度の用途でつくられ、柱も傷んでいるようなら、あえて使うこともないでしょう。

2章

昔ながらの日本家屋の趣を残す住まい

現代に建てられた家より、昔の家は長もちするとよくいわれます。
それは、木をシンプルに組み立てた、〝無理のない〟つくりだから。
地元の産を生かし、適材適所に配されたぬくもりのある木材は、
いまなお家を支える土台として輝きを放ちます。
大黒柱、梁《はり》、桁《けた》など、年月を経てますます趣を増す材を生かしつつ、
昔ながらの家に多い「暗い」「寒い」を解消した住まいを紹介します。

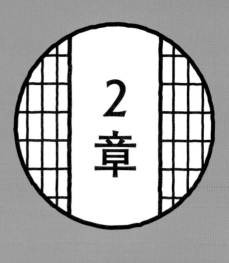

CASE 1

兵庫県―八木邸

庭を愛でる家

入母屋屋根と純和風家屋の骨格はそのままに。
庭を眺める玄関間を楽しむ。

「水」には火災を防ぐ意味が込められる。中庭も水をテーマに伊勢砂利を敷き、稲穂を思わすトクサを植えた

茅葺きを黒いトタンで覆った入母《いりも》屋《や》屋根と、せり出したひさしの瓦。破《は》風《ふ》に描かれた「水」の火伏せ文字。それが、築百五十年を数える八木さん宅の象徴的風景です。

八木光夫・治美さん夫妻は昔から、門から眺めるそのたたずまいがとても好きだったといいます。けれども「家の中は暗くて寒いうえに不具合も多く、なんとかしなければとずっと思っていました」と治美さん。

家は、父の代に台所の床を上げ、光夫さんの代には浴室も手直ししています。しかし、ふだんは雨戸を閉めきったままの座敷は暗く、母親の介護が始まると、屋外のトイレや、土間を通らなければ行けない浴室も不便そのもの。それでも「母を元のままの家から送り出してあげたい」という一心でしのいできたそうです。やがて母親を看取り、家の建て替えを考え始めていたとき、ふと図書館で見たのが古民家再生に関する本でした。それは、建て替えによって、愛着のある風景が失われてしまうことを危惧していた夫婦にとっては、まさにうってつけの方法でした。

建物を調査してもらうと、柱の状態もよく、じゅうぶん再生可能との結果に。そこで、建物の骨格は変えず、夫婦二人で生活するのにふさわしい家へと改築することにしました。

八木さん夫婦が建築家の森畠吉幸さんに要望したのは、「明るく」「水まわりは使いやすく」「収納を多くしてほしい」の三点。工事は、家のひずみを直すため、基礎にコンクリートを打つところから始まりました。

玄関に設けた小部屋から眺める、長屋門と庭の景色が夫婦のお気に入り

玄関間は建具と天井板を取り払ったオープンなつくり。天井板の代わりとして、梁には煤竹《すすだけ》を渡した

座敷の広縁には雨戸の代わりにガラス戸を入れた。閉めたままでも庭の緑を楽しめる

六か月の工期中、隣接する離れで生活していた二人は、毎日変わっていくわが家を見るたびに、どんどん期待がふくらんだといいます。

　工事中にはいくつもの発見もありました。たとえば、天井板の内側に隠されていた大きな梁。また、ベニヤ板で覆われていた味わいのある柱。いずれも、夫婦にとっては初めて目にするものです。こうした、この家の歴史を伝える部分は、新しい内装にしっかりと生かされることになりました。

　この家で、もっとも大きく変わったのは玄関まわりとリビングダイニングです。

　家の姿はそのままに、格子戸だった玄関扉は、広く全開できるガラス戸にし、簡単な接客時にも腰掛けられる、三畳の玄関間を設けました。そこから続く和室は、座敷への入り口。障子の桟や天井の竿縁《さおぶち》を黒でまとめたモダンな雰囲気が特徴です。座敷・奥座敷は化粧直し程度にとどめていますが、雨戸をガラス戸に替え、明るくしました。

　さらに玄関を上がると、バリアフリーのトイレと浴室があり、その奥

伝統的な長屋門と、それに続く漆喰《しっくい》壁の土蔵に、すっきりとしたモダンな庭がよく似合う

玄関から吹き抜けになったホールまで、勾配をつけた洗い出しの土間が続く。壁面には収納も設けている

↑

土間から続く玄関は、物置にもなっていて薄暗かった

上 梁を見せたダイニングとキッチン。煙出しを活用した天窓は治美さんが好きな黄色で塗装した。下 玄関間から続く8畳の和室は、障子の黒い桟がモダンな"遊びのある空間"になった

にはオープンなキッチンのあるリビングダイニングが広がります。古い煙出しを利用した天窓の効果で、室内の明るさは抜群です。

「ほんとうにいい家になりました。驚くばかりです」と光夫さん。

以前は樹木がうっそうと茂っていた中庭も、雰囲気は一変。新しくなった住まいに合わせ、水田や水をイメージした、白い伊勢砂利で上品に仕上げられています。

「玄関間に座り、庭や門を眺めるひとときが幸せです」と話すお二人。暮らしやすさと伝統を両立した住まいに、愛着は増すばかりです。

DATA

- 家族構成：2人（60代夫婦）
- 完成年月：2005年7月
- 築年数：約150年
- 敷地面積：約600㎡
- 延べ床面積：166㎡
- 構造：木造平屋建て
- 設計・監理：森畠吉幸建築研究所

兵庫県川西市東畦野6-1-32-207

TEL 072-795-4945

http://homepage3.nifty.com/morihata/

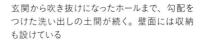

間取りと改築のポイント

BEFORE

玄関から土間を通って台所に上がる間取り。トイレは屋外、浴室は土間にあった。細かく分かれた和室は雨戸を閉めきっていて暗く、ほとんど使っていなかった

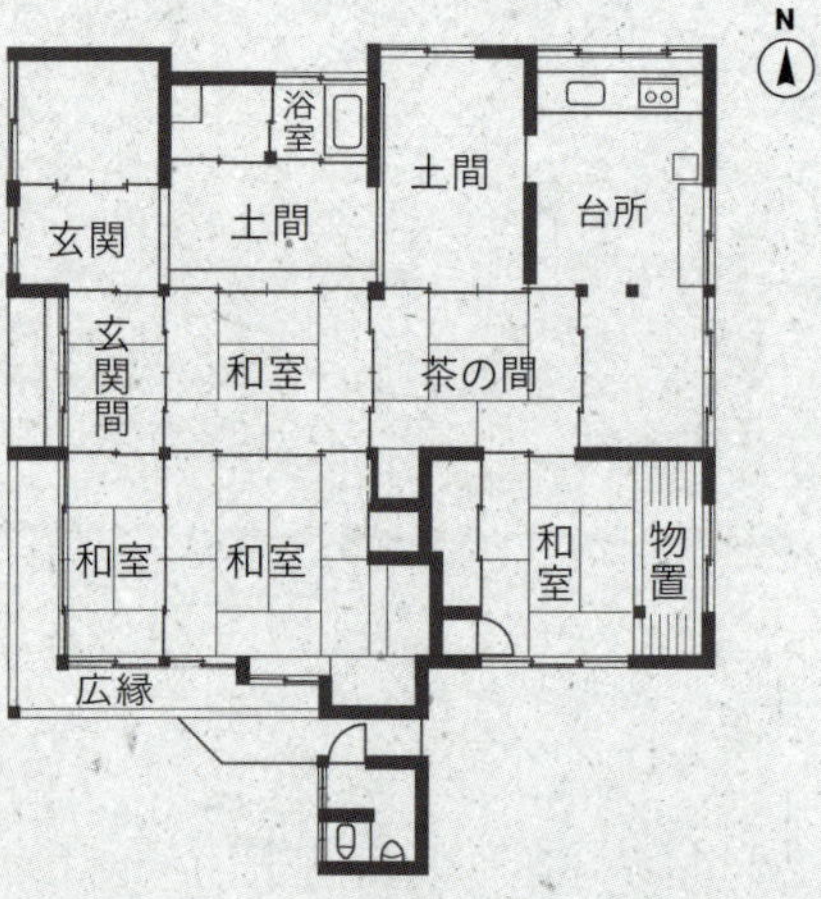

AFTER

玄関の間口を広くとってガラス戸を入れ、隣の3畳間もオープンに。土間を床にしてホールとダイニングをつくり、トイレと浴室はホールから入るようにした。寝室は洋間に変更。広縁にはガラス戸を入れた

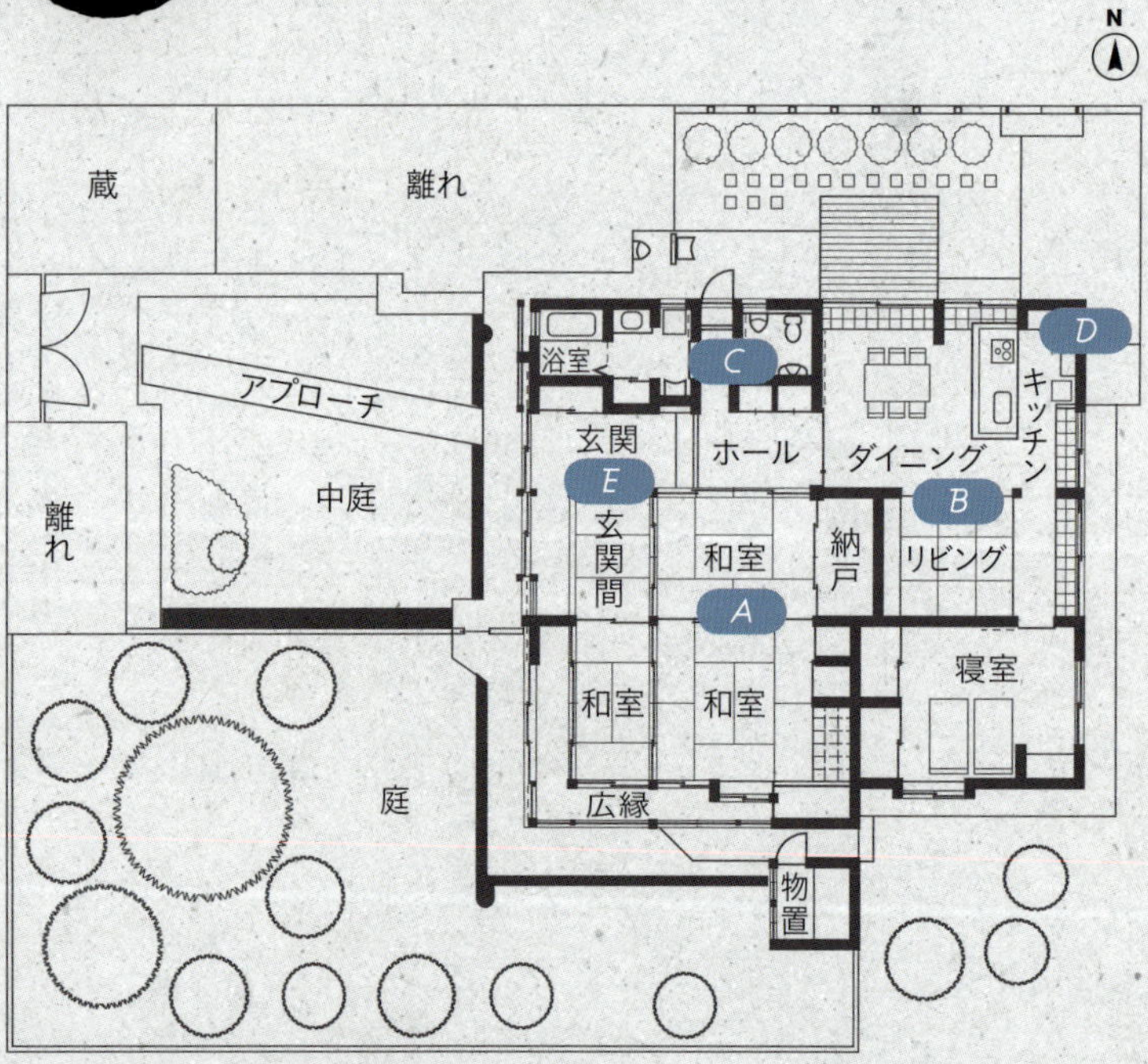

建築家・森畠さんのコメント

日本家屋の魅力ある和室はあまり手を加えず、ライフスタイルに合わせてご夫婦の寝室やLDK、水まわりが明るく使いやすくなるように設計しました。

まずは土台を改修

建物は骨組みだけにして、石場《いしば》建ての基礎にコンクリートを打った

経年による柱や梁のゆがみを直し、必要な部分には補強を施した

玄関を入って左側にはたっぷりの靴収納を確保。飾り棚の間接照明がやさしい

広々とした和室は
そのまま残し
モダンにアレンジ

座敷の間取りはそのままにして壁や天井、建具などを化粧直し。雨戸をガラス戸にしたことで、室内はぐんと明るくなった。モダンな建具も魅力

バリアフリーの
トイレで快適

ホール脇に設けたトイレは、来客も使いやすい。バリアフリー仕様にし、車椅子でも使えるゆったりとした広さを確保した。男子用小便器もつけている

ダイニングとリビングをつなげて
梁をしっかりと見せる

元は茶の間だった和室を、ダイニングとつながる4畳半のリビングに。正方形の縁なし畳と白い壁で、洋間のつくりにした。150年を経た梁の美しさを存分に楽しめる

既存の建具も再利用して
黒い塗料でモダンに

もともと使われていた建具は、できるだけ再利用した。いずれも黒く塗装することで、現代的な印象に。写真は玄関間に取り付けた舞良戸《まいらど》

煙出しを生かした天窓で
光を取り込む

台所の天井には、囲炉裏やかまどを使っていた当時の名残の煙出しがあった。その形を生かして天窓に。奥まったキッチンにも明るい光が入る

滋賀県竜王町―山中邸

CASE 2

吹き抜けの家

部屋の一部を減らして、光が差し込む高い吹き抜けに。
いつでも家族の存在が感じられる家。

吹き抜けには傾斜の緩やかなオープンな階段を設けた。側面には壁を設けていないため、階段右手の和室も襖を開ければ明るい。簾戸《すど》の向こうが玄関

ごく一般的な農家といったたたずまいの山中さん宅。しかし一歩中へ入ると、外観からは想像がつかないほど広々とした空間が広がっています。その理由は、高い吹き抜け。生活の中心となるリビングダイニングは開放感にあふれ、窓からは明るい日差しも注ぎます。

「リフォーム前は暗くて狭く、使い勝手も悪かったんです」とご主人の善裕さん。転勤を機に、親子五人で東京から滋賀県の実家に戻ったものの、築百年近い農家はあまりにも住みづらかったといいます。

「部屋数は多いのに、大半は古い家財道具や荷物が置かれ、物置になっていました。食事も、薄暗いところでとるしかなかったんですよ」

このままでは暮らせないと、すぐに建て替えを決意したご夫婦でしたが、当初の考えでは、古い家を壊し、新築にするつもりだったそうです。

そんなとき奥さまの真由美さんが、一枚のチラシを入手。それは、古民家再生の案内でした。善裕さんも、生まれ育った家の面影がすべて消えるのは寂しい、と賛同。外観は変えず、リビングダイニングを中心に、現代的につくり替えることにしました。

右 2階建ての山中邸。建具類が新しくなった以外、外観は変わっていない。左 明るい色の床材を張り、広々とした玄関。軽く腰掛けるのに便利なベンチもつけた

吹き抜けの上部。2階にはたくさんの窓を設けた。1階まで光が届くだけでなく、風通しも抜群。すのこ状の廊下にはマツ材を使用

以前の住まいは、階段も狭く急だった。どの場所も長年の荷物がたくさん置かれ、狭く感じていた

右 ダイニング部分は、2階が載っていないため天井板を張ってある。キッチンは広い開口部をつけて対面式にした。**左上** 夫婦の寝室は落ち着きのある和室。窓には趣のある格子を入れている。**左下** キッチン隣の和室にあった階段だんすは2階に移した。収納に活用するほか、子ども部屋の上のロフトへの階段に。3室分のロフトは自由に行き来できる

DATA

- 家族構成：5人（夫婦、子ども3人）
- 完成年月：2004年9月
- 築年数：約100年
- 敷地面積：495㎡
- 延べ床面積：302.74㎡
- 費用：約3500万円

- 構造：木造2階建て
- 設計：建築設計 創夢
- 施工：㈱ベストハウス
  滋賀県栗東市小野1007-3
  TEL 077-552-6955　FAX 077-552-6775
  http://besthouse.cc/

リフォームに際しては「とにかく広くて明るい空間にしてほしい」とリクエスト。梁や柱はそのまま生かしつつ、不要な壁や仕切りはすべて取り払いました。家族が気持ちよく過ごせるリビングダイニングをつくるため、一階にあった土間と納戸は取り壊し、天井もなくして高い吹き抜けに。二階の部屋数は減ったものの、圧倒的な開放感が生まれました。

キッチンは真由美さんの希望で対面式に。「天窓もあり、昼間はほんとうに明るいんです。食事の支度も楽しくなりました」と笑顔で話します。

二階は、以前は夫婦の寝室に行くには子ども部屋を通らなければなりませんでしたが、廊下をつくって不便さを解消。廊下の床はすのこ状にし、見た目の圧迫感もなくしました。

快適さと使い勝手を最優先に進められたリフォームでしたが、それは意外な効果ももたらしたといいます。「吹き抜けのおかげで一階から二階によく声が届くんです。別々の部屋にいてもお互いの気配を感じます」

親子の距離も、これまで以上に近くなったようです。

間取りと改築のポイント

BEFORE

典型的な"田の字"の農家のつくりで、座敷以外は1・2階とも細かい部屋に分かれ、大半は物置になっていた。天井は低く、間仕切り壁が多いためもあって、室内は暗い。食事をする場所も狭かった

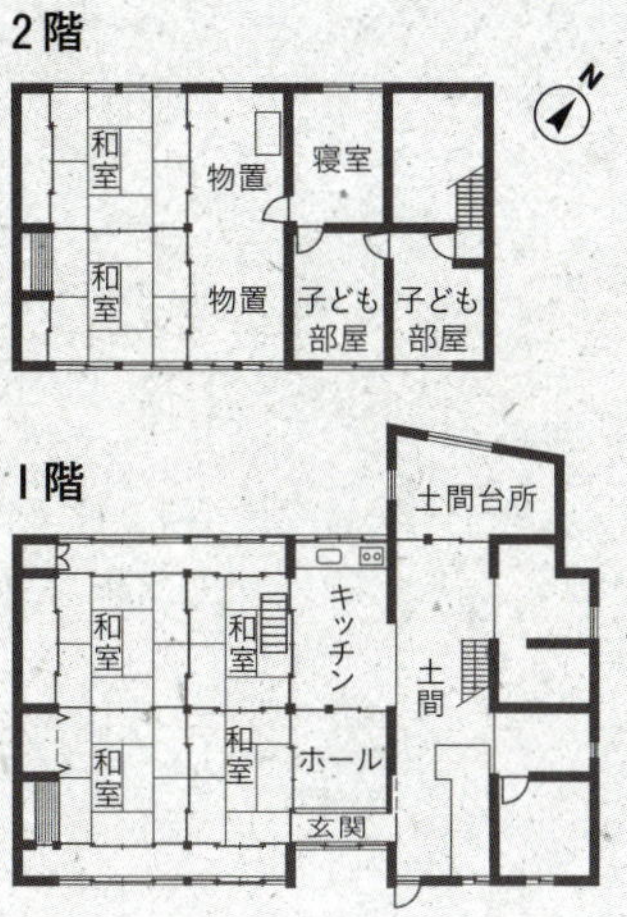

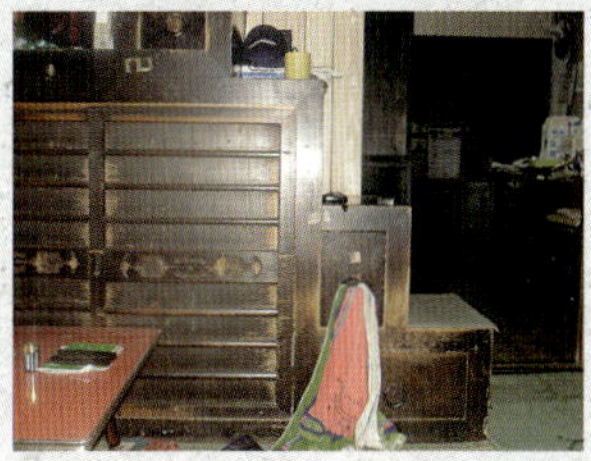

2階の物置に通じていた和室の階段だんす。段差が大きくひと苦労だった

AFTER

リビングダイニングに、吹き抜けと圧迫感のない階段をつけた。2階にはロフト付きの子ども部屋3室と、寝室に付属する広いクローゼットなどを設置

施工会社・吉本さんのコメント

「将来この家に住み続けたい」という息子さんの言葉がいちばんうれしいことでした。2世代で協力しながら維持管理し、次の世代へつなげてほしいですね。

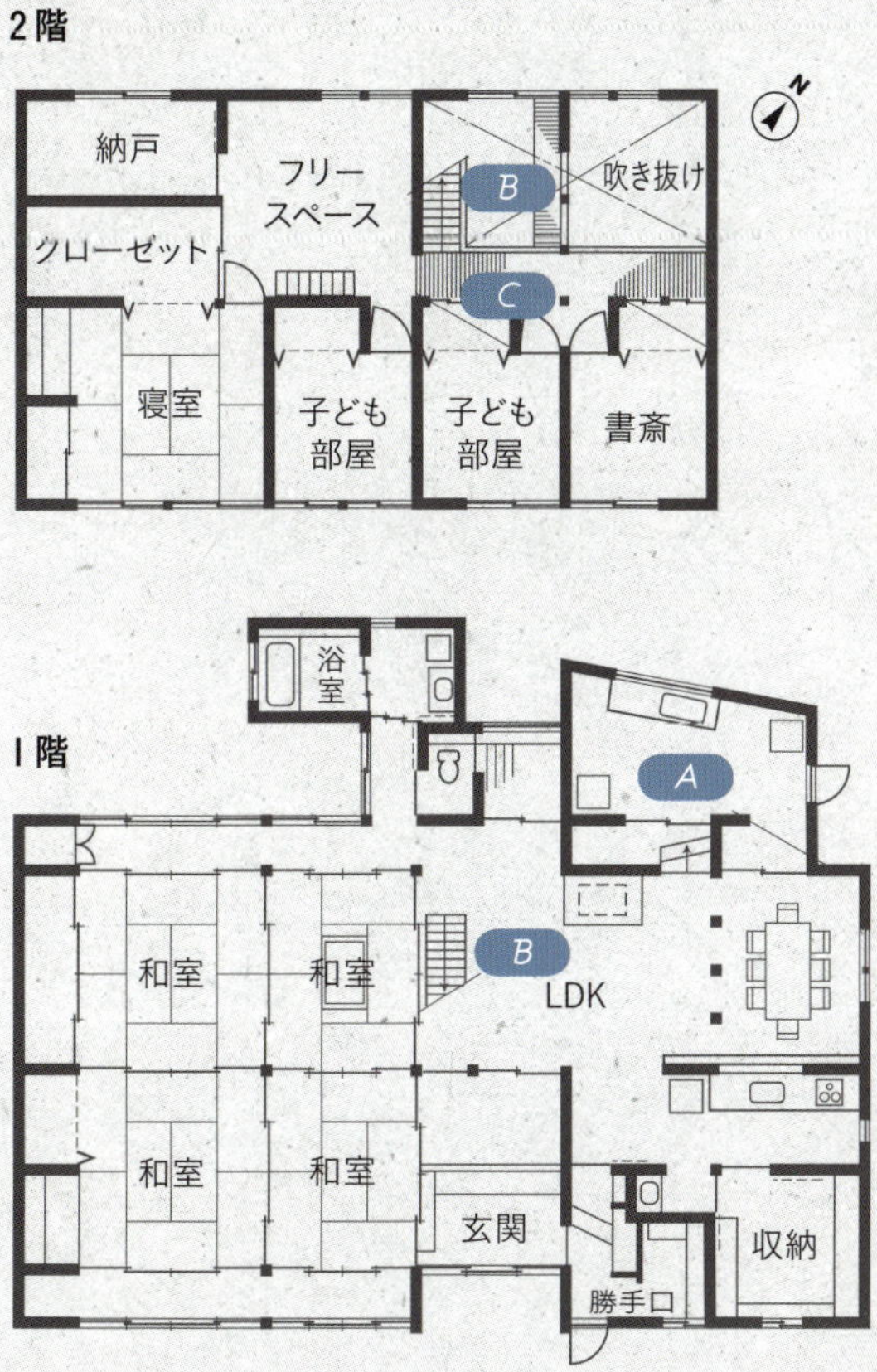

古い土間は一部を残して外からの出入りをしやすく

リビングダイニングの脇には、勝手口を兼ねて土間を残した。野菜の洗い場や保管場所、外で使う道具類などの置き場所になっている

高い吹き抜けを設けて採光と開放感を

天井まで約5mの高さがある吹き抜け。すのこ状のオープンな廊下も、採光と通風に役立っている。廊下に面しているのは子ども部屋

C

2階には必要な部屋数を残して、プライバシーを確保

それぞれにクローゼットのある、独立した個室を設けた。各部屋は、リビングを見下ろす廊下や、子どもたちのサブリビングにもなるフリースペースを通って行き来する

CASE 3

茨城県―中尾邸

太い梁の家

圧迫感のある天井を取り払い、百三十年ものの太い梁を主役に。玄関から心地よい風が吹き渡る住まい。

上 しっかりとした梁と柱が魅力の玄関。廊下の床板には別の場所に使われていたケヤキ材を削り直して利用。左 130年を経た大黒柱は、関東大震災のときに家族が身を寄せたもの

中尾さん宅は、外観を見ると、まるで高級旅館を思わせる雰囲気。しかし以前の住まいは、今の姿とは大違い。敷地内には落花生の加工工場があり、家へも、工場の入り口から出入りしていたそうです。

そのため、本来の玄関扉はいつも閉めきったままで、風通しも悪かったとか。また、築百三十年以上の母屋は、幾度もの増改築を繰り返す間に、老朽化が進んでいました。あちこちにゆがみが生じて、すきま風がひどく、とくに冬の寒さには悩まされていました。

玄関横の和室からは、母の和子さんが丹精した庭を一望。桁《けた》の太さにも、使われた材のよさがわかる

「暖房には石油ストーブを使っていましたが、お正月に親戚が集まると、寒いとよく言われていましたよ」とご主人の憲蔵さん。一方、奥さまの節子さんも「来客用の部屋は、だだっ広い大広間しかなく、プライバシーが確保できる子ども部屋もなかったんです」と話します。

そこで「家族がもっと暮らしやすい家にしよう」と、夫婦でじっくり話し合った結果、リフォームに踏み切ることになりました。

計画は、思い出の詰まった住まいの梁や柱は残しつつ、換気が悪くて使いにくい水まわりなどに最新の設備を取り入れるというものです。

同居する両親は当初、「手を入れなくてもまだ住める」と、あまり乗り気ではなかったとか。そこで、リフォーム会社と何度も相談して仕上げた図面をもとに説得。両親もついに納得し、着工にこぎつけました。

上 当初は2階建てにするつもりだったが、広い敷地を生かして平屋に。向かって右側の部分は増築している。左 長屋門の内側に立つ大きな門柱も、中尾家の歴史を伝える

工事では設備を一新するだけでなく、圧迫感のある天井をなくして開放的な空間をつくり、両親のことも考えてバリアフリーやオール電化も導入。さらに念願だった三人の子ども部屋もできました。

完成した住まいは木のぬくもりにあふれ、誰もがほっとする雰囲気に。玄関からは心地よい風も通ります。「親戚が集まると、梁や柱の傷に思い出話の花が咲きます」と憲蔵さん。もちろん、すきま風に悩むこともうありません。

DATA

- 家家族構成：7人
- 完成年月：2007年12月
- 築年数：約130年
- 延べ床面積：267.01㎡
- 構造：木造平屋建て
- 設計・施工：住友林業ホームテック
  0120-5-46109
  http://www.sumirin-ht.co.jp

上 家族の姿を見ながら料理できる対面式キッチンは、節子さんの夢だった。右下 トイレは浴室横に移動し、収納も確保。左下 浴室は徹底してバリアフリー化。廊下から洗面所、浴室内までいっさい段差がない

太い梁を見せたリビングは、玄関横にあった和室をつぶしてつくったもの。ダイニングキッチンと続き間にした。訪れる人にも「落ち着く」と好評

間取りと改築のポイント

BEFORE

130年以上の歴史のなかで増改築を繰り返し、複雑な形になっていた平屋。老朽化が進み、冬はすきま風、夏はどこからか侵入してくる蚊に悩まされていた。独立した個室が少なく、来客の宿泊場所もなかった

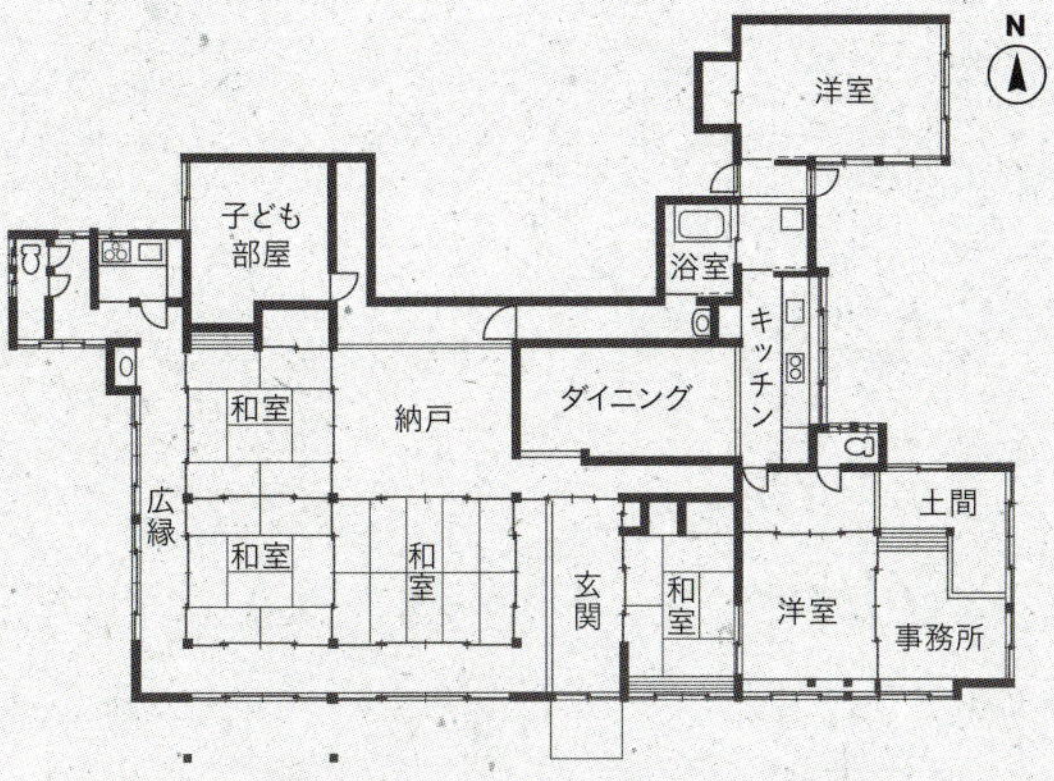

AFTER

3部屋の和室以外は大きく間取りを変更。対面式キッチンのあるダイニングとリビングを設け、右側は増築して、子ども部屋や来客用の部屋をつくった

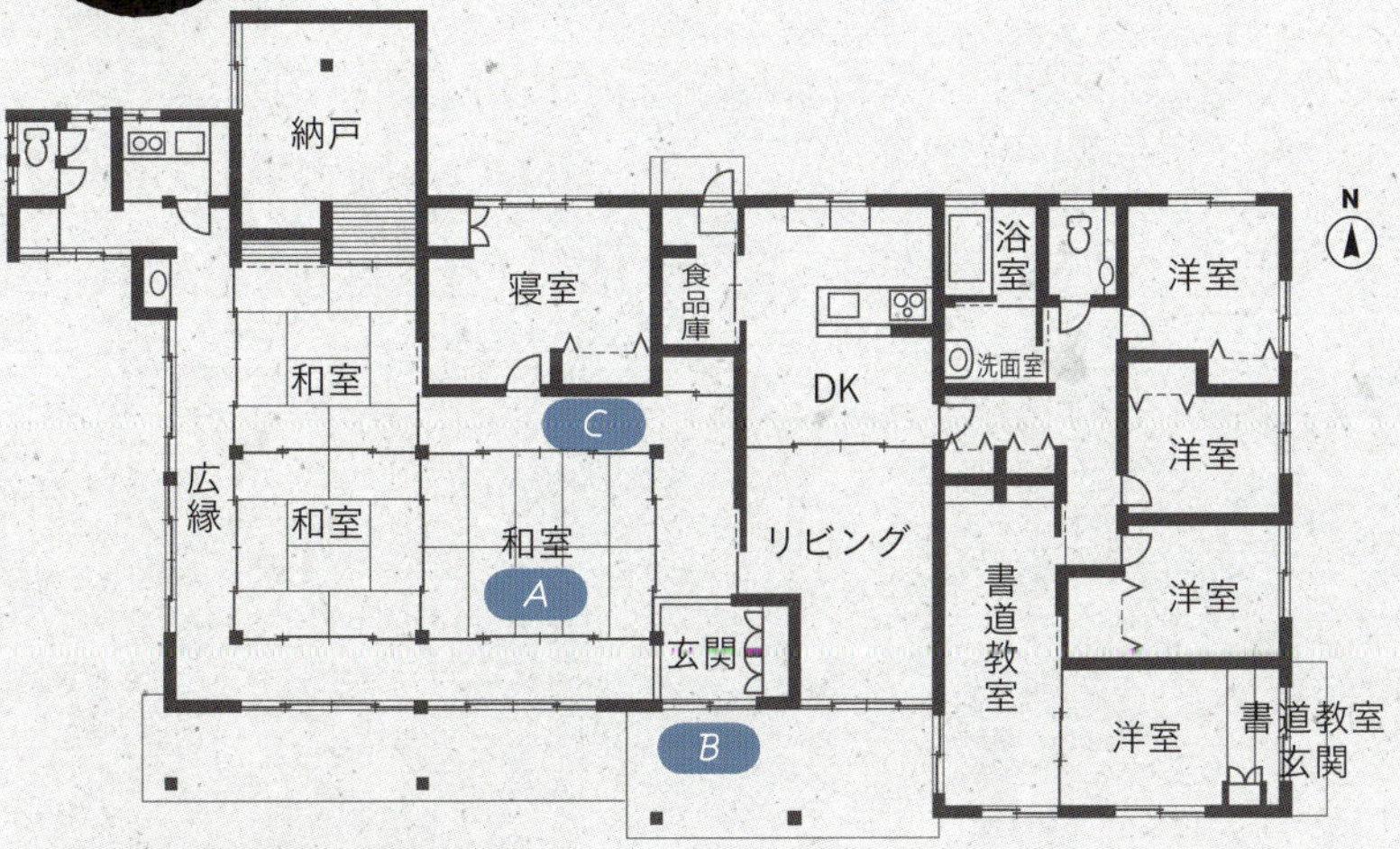

住友林業ホームテック・
鈴木昌子さんのコメント

増改築を経たバランスの悪い外観と暮らしにくい間取りが課題でした。130年の重みを持つケヤキの床柱や大黒柱を美しく蘇らせ、縦格子や縁側など昔ながらの趣が残るよう細部に配慮。玄関に入ると、どこか懐かしい空間が実現しました。

圧迫感のある天井板をなくして開放的に

間取り上はそのままにした和室も、天井板を取り去って、立派な梁を見せることに。高さが出てゆったりとした雰囲気になったうえ、天窓の光も明るい

廊下を設けて風の通り道を

玄関からL字形に座敷に向かう廊下を新設。風も抜けるようになった。左の扉は、寝室の入り口。以前は納戸だった

閉めきられていた玄関まわりをすっきりと。縁側のひさしは耐久性のあるマツ材で明るく

耐久性やメンテナンス性を考慮し、縁側のひさしにはマツを使用。閉めきっていた玄関は、植栽を移動し風が通るようにした

CASE 4

熊本県 菊池市―T邸

光に満ちた家

部屋数を必要数に応じて減らし、自然の風と光を呼び込む。夏はひんやり涼しく、冬暖かい住まい。

玄関部も新しくつくり直したT邸。手入れの行き届いた庭に映える

和室には、竹の文様の欄間に合わせて、土蔵から見つかった透き戸を調整して入れた。透ける光が美しく、夏場の風通しもいい

以前のダイニングキッチンは家の北西に位置し、狭くて暗かった

右 キッチンには屋根に天窓をつけたことで、晴れの日はもちろん、雨天でもやわらかな光が入る。左 家族が集まるリビングダイニングは南の庭に面した場所に移動し、梁を生かした吹き抜けに

Tさん一家が暮らすのは、築百二十年の旧家をリフォームした明るい住まい。もとは古くから所有していた土地にあった建物を引き継ぎ、明治時代にTさんの曾祖父が建て替えた家です。庭には土蔵や大正時代の蚕室が残り、マツをはじめとした植栽が目を楽しませてくれます。

Tさんや姉たちが巣立ってから、家には両親が二人で暮らしていました。やがて父が亡くなった後は、Tさんの息子が通学のために母と同居していたといいます。

そして昨年、Tさんもたいせつな家を守るため、家族とともに実家に戻ることにしました。

この家はこれまでも幾度かの増改築が加えられています。昔は南西に玄関と土間があり、北側に水まわりのある、シンプルで農家らしい間取りでした。しかし三十年余り前、家族の人数が増えたことで南側の部屋を増築したため、客間の座敷には光が入らず、ほとんど使わない状態に。また、母が生活の場にしていた北側の台所と茶の間、寝室はいずれも暗く、昼間も電灯なしではいられなかったそうです。

そこでTさん夫婦は「家族みんなが居心地よく暮らせるよう、手を入れながら住み続けていこう」と、全面的なリフォームを決意。そのプランは、建物が本来持っている構造や風格を生かしながらも、現代の暮らしにも合う、明るく風通しのいい家にしようというものでした。

南側の洋室をなくした和室は、すっかり明るくなった。高い天井や繊細な障子の桟が旧家の雰囲気を今に伝える

「曾祖父が建てた伝統的な日本家屋のよさを残しながら、明るく暖かく使いやすくしたいというのが、家族全員の考えでした」と奥さま。

リフォーム後の家は、以前の様子からは想像できないほど光にあふれ、どの部屋からも気持ちのいい庭の景色が楽しめます。通風もよく、窓を開ければさわやかな風が抜けて、夏の湿気もほとんど感じません。

間取りもすっかり変わりました。玄関を入ったところにあった仏間と、その奥の小間はゆったりとした廊下になり、和室と茶の間の二室は合わせて広いＬＤＫに。二階の一室は取り払って吹き抜けにしました。キッチンの天窓や、吹き抜けにつけた高窓のおかげで、室内には奥まで光が入り、明るさも満点です。

家族それぞれの個室も設けました。台所だった部分に息子の部屋、ＬＤＫ横には夫婦の寝室、玄関からまっすぐ行った右側の部屋は母の寝室。どの部屋もドアのある洋間で、プラ

上 洋間に変えた母の部屋には、床の間に趣味の品を飾る棚をつくり、袋棚も生かした。
下 和室の付の書院は桟を修復し、かつての美しさを取り戻した。山水の欄間も格調高い

2階の屋根裏部屋。以前は梁の下に天井板が張ってあったため、圧迫感があった。梁を見せることでたっぷりとした広がりが出た

2階の廊下にも明かり取りの窓をつけた。キッチンの天窓からの光が、障子を透して入る。壁から部分的に見せた梁もおもしろい

リフォームの過程で、屋根裏部屋から現れた太い木材。この家が建てられた明治時代の木組み

イバシーに配慮しています。また和室の南側に増築していた洋室は取り壊し、障子を透る光も美しい、旧家の風情をよみがえらせました。

　このリフォームでは、大きな梁や桁など伝統建築のよさを残しながら、上蔵から見つかった透き戸や階段などをうまく再利用し、資材のムダをなくすことで、環境にも配慮しています。また、床の剛性を高めるため束石《つかいし》を細かな間隔で配置し、耐力壁も増やしているので、強度面でも安心です。冬の寒さ対策と省エネを考えて、すべての窓に二重ガラスも採用しました。

「家族全員、とても満足しています。夏は涼しいし、冬場も暖か。光熱費も以前に比べてずいぶん減りました」と話す奥さま。

　同居する母も「息子一家が来てにぎやかになり、毎朝ダイニングに集まるのが楽しみなんです」とうれしそうにほほえみます。

　家族の思い出が増えるごとに、住み継いできた家にも新しい歴史が積み重なっていきます。

DATA

- 家族構成：4人
- 完成年月：2009年7月
- 築年数：約120年
- 延べ床面積：267.01㎡
- 構造：木造2階建て
- 設計・施工：住友林業ホームテック

0120-5-46109

http://www.sumirin-ht.co.jp

間取りと改築のポイント

BEFORE

南側に玄関や洋間を増築していたため、和室には光が入らず、いつも暗かった。また、1階のほとんどが細かく仕切られた和室で、日常の動線も悪かった

2階

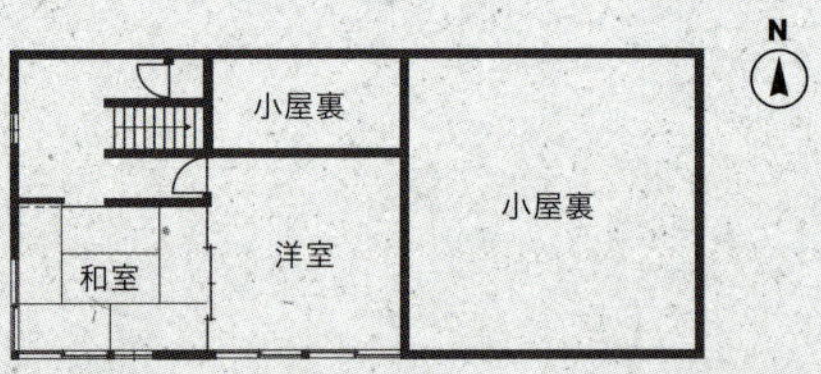

1階

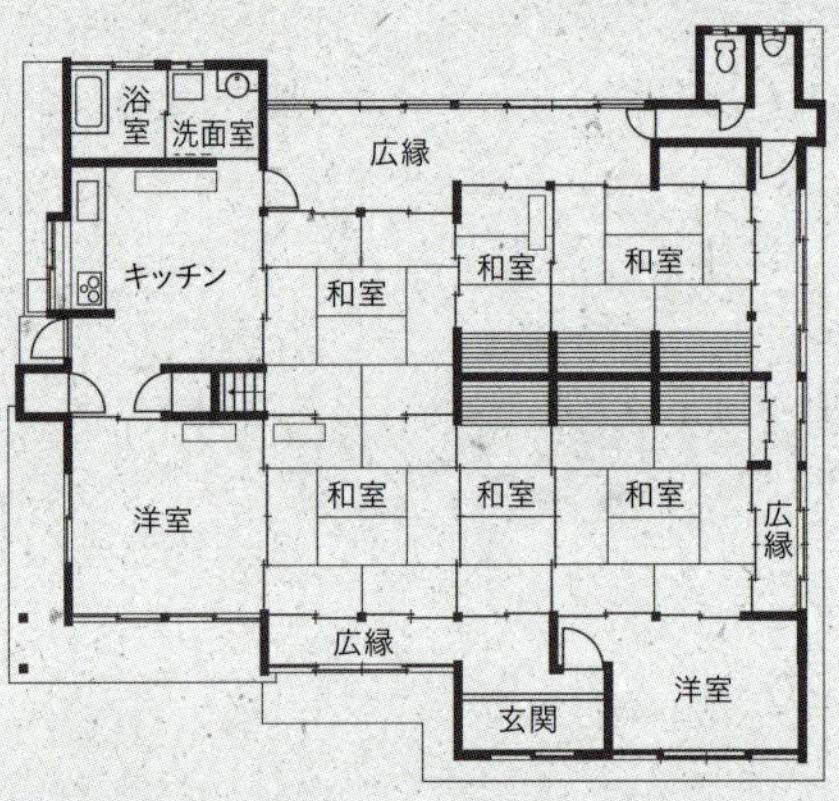

以前、南側に並んでいた和室。玄関をあがってすぐに縦長な4畳の仏間があり、左右に8畳間が1つずつある。襖が多くて使いにくく、室内は薄暗い

AFTER

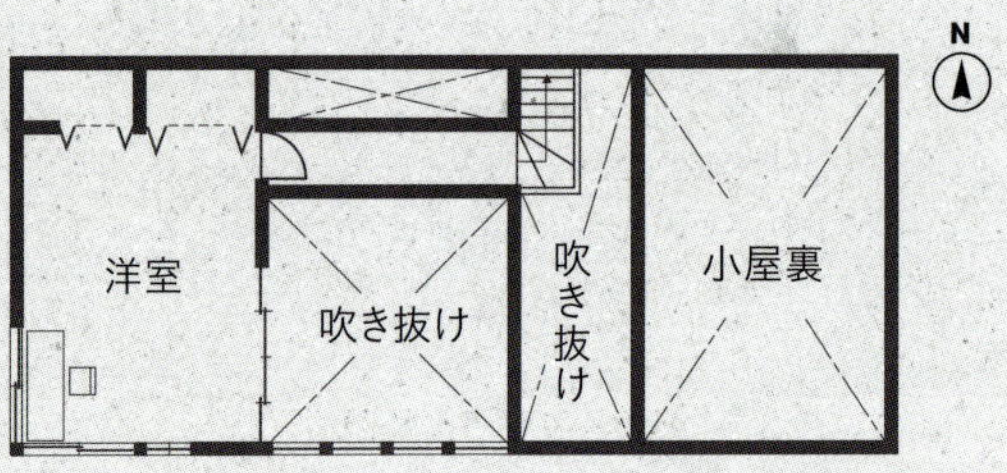

2階

玄関から奥へと廊下を通し、その左側は和室2室分を使ったLDKに。突き当たりには母の居室や浴室、トイレを配置。台所だった場所は息子の部屋にした。2階は部屋を減らして吹き抜けにした

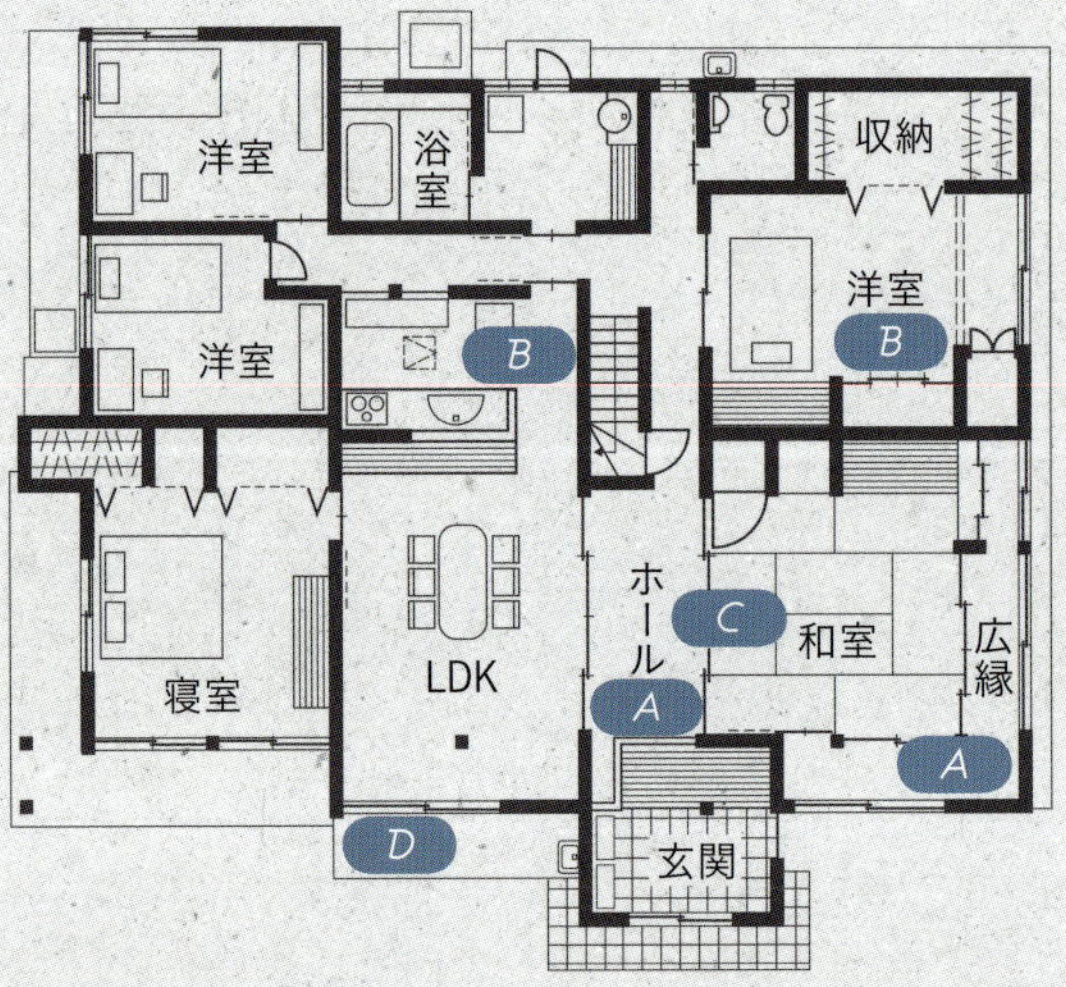

1階

住友林業ホームテック・
塚本則幸さんのコメント

T様邸は敷地も広く庭も立派でしたので、和室とLDKから庭が眺められるように間取りを変更。吹き抜けとガラス瓦を採用し、光をうまく取り込めるように設計しました。蔵に眠っていた道具や解体した材料を利用できたのもポイントです。

基礎部分の強度を増して
家族が安心して住めるように

T家は、増築した部分以外の基礎は、束石に柱を建てる礎石《そせき》建てという伝統構法。床下の柱と束石を増やして、間隔も狭めることで、耐震強度を増した。筋交いを入れた耐力壁も増やしている

ていねいな伝統建築のよさを生かす

上 LDKや廊下の吹き抜け、屋根裏部屋は、天井板で隠れていた明治時代の木組みをデザインのポイントに。下 花鳥画の描かれた床の間の小襖もそのまま生かした

部屋数を減らして屋内をどこも開放的に

右 以前は増築した部屋のせいで、光が入らなかった南東角の和室。今では広縁ごしに前庭からの光が気持ちよく入る。左 狭かった玄関も一新。入ってすぐ目の前にあった仏間は奥へと続く廊下になった

二重ガラスで寒さ対策も万全

建物外周の窓はすべて二重ガラスのサッシに替えた。密閉度が高いうえ、冬も暖かい。夏の冷房効率も上がっている。明るさも加わって光熱費の削減につながっている

透き戸や天窓で光を取り込む

上 ほのかな光の陰影を楽しむ透き戸。日本的な情緒を感じさせる部分。下 キッチンの上につけた天窓は、白い壁に光を反射して、いっそう明るさを呼ぶ

CASE 5

茨城県つくば市｜N邸

ケヤキの大黒柱の家

味わいのある百六十年のケヤキと昔ながらの材をたいせつに、耐震補強で、この先何十年も安心して住める古民家へ。

玄関ホールに立つ、尺2寸（36㎝）角のケヤキを使った立派な大黒柱。建築当時の職人たちの技が伝わってくる

江戸時代後期に建てられたNさん宅は、築百六十年を数える古民家。その堂々とした姿には、歴史の重みが漂います。

「外観にはほとんど手を加えていません」とご主人。玄関の引き戸を開けると、正面には長年この家を支えてきた、太いケヤキの大黒柱があります。黒光りする柱や梁はどれも洗ったりはせず、そのままの状態で残しているそうです。

歳月を経た風格は残して、住み心地をよくすることが、Nさんのいちばんの希望でした。以前から困っていたのはすきま風やほこり、天井から落ちてくる煤。また浴室が屋外にあるのも不便でした。しかし壊して建て替えるのもためらわれ、古民家再生を手がける建築家に相談したのが、リフォームのきっかけでした。

右 昔ながらの姿を残した和室。一枚板を使った杉戸や、畳敷きの広縁にある帯戸が、黒光りする柱や桁によく合う。左 玄関は土間の面積を少しだけ減らしてホールを設け、ゆとりのあるスペースに変えた

上 玄関ホールの真ん中に立つ大黒柱は、160年も家を支えてきた。家の中でもひときわの存在感がある。
左 夫婦と母の3人暮らしのN家。門構えも昔のまま

大きな屋根は茅葺き屋根を銅板で覆ったもの。屋根裏にも広い部屋がある

小屋裏には床を張り、木組みを見せつつ洋風のつくりの部屋に。独立した子どもたちの帰省時などに使っている

自宅を調査してもらったところ、現在の姿を残して不便さだけを解消することができるとわかり、リフォームを決意したN家。ただし、地震などに備えるため、家全体の補強工事は必要でした。そこで床下や屋根裏、壁の一部を補強することに。結果、耐震性は大きくアップし、見えない部分の安心感も高まりました。

昔ながらの和室は残し、ダイニングやリビング、キッチンなど生活の中心になるスペースだけを現代の生活に合うよう、使い勝手よく改造。懸案だった浴室と洗面所は、動線を考えてダイニングの横に移しました。「以前は、高齢の母が屋外の風呂場に行く途中で転倒でもしないかとひやひやしていましたが、その心配もなくなりました」とご主人。

ほこりや煤に悩まされることもなくなり、オール電化にしたおかげで、室内の温度はいつも快適に保てるようにもなりました。

「古くて落ち着きのあるたたずまい

屋内に設けた洗面所と浴室はサワラ材の木目を生かしたデザイン。浴室床には淡い緑色の十和田石を使っている

上 ダイニングは、古い梁と新しい造作をあえて同居させた。木の心地よさを感じさせる、ロッジ風の空間になった。下 和室から見たリビング。以前は畳敷きだった

DATA

- 家族構成：3人（90代母、60代夫婦）
- 完成年月：2005年12月
- 築年数：約160年
- 敷地面積：2400㎡
- 延べ床面積：約220㎡
- 構造：木造平屋建て
- 費用：2800万円(設計費別)
- 設計：設計工房禺《ぐう》（藤田克則、對馬《つしま》英治）
- 施工：㈱けんちく工房邑《ゆう》（對馬英治）

㈱けんちく工房邑／茨城県つくば市沼崎855
TEL 029-847-9930　FAX 029-847-9936
Eメール kinoie@kk-yuu.com
http：//kk-yuu.com

は希望通り残せたし、ふだんの生活の場はすっかりリフレッシュして、ほんとうに暮らしやすいですね」

その後の東日本大震災でも、震度6の揺れに耐え、ほとんど損傷を受けることのなかった住まい。これなら、これからの長い年月も、代々心地よく暮らし続けられそうです。

間取りと改築のポイント

BEFORE

ダイニングキッチンと寝室以外は畳の間。浴室は外にあり、トイレも遠かった。また、ダイニングキッチンは家族で食事するには狭く、収納部もなかった

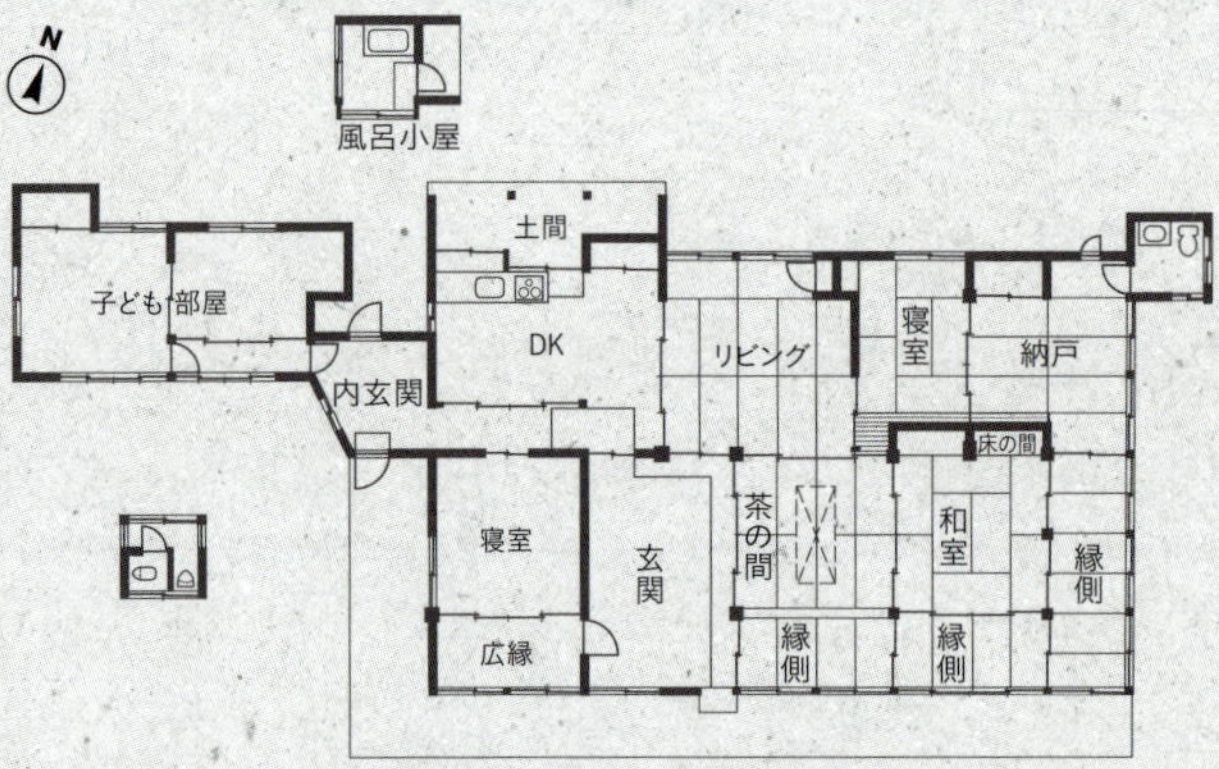

AFTER

ダイニングキッチンとその周囲を大幅に変更。勝手口の土間をなくして、キッチンや食品庫、浴室、トイレなどを新設。リビングも洋間に変え、全体に収納も増やしている。広い玄関土間にはホールを設け、小屋裏に屋根裏部屋もつくった

設計・施工を担当した對馬さんのコメント

間取りはほとんど変えず、構造的な補強を改築の主眼としました。子孫に家の歴史が伝わることを願っています。

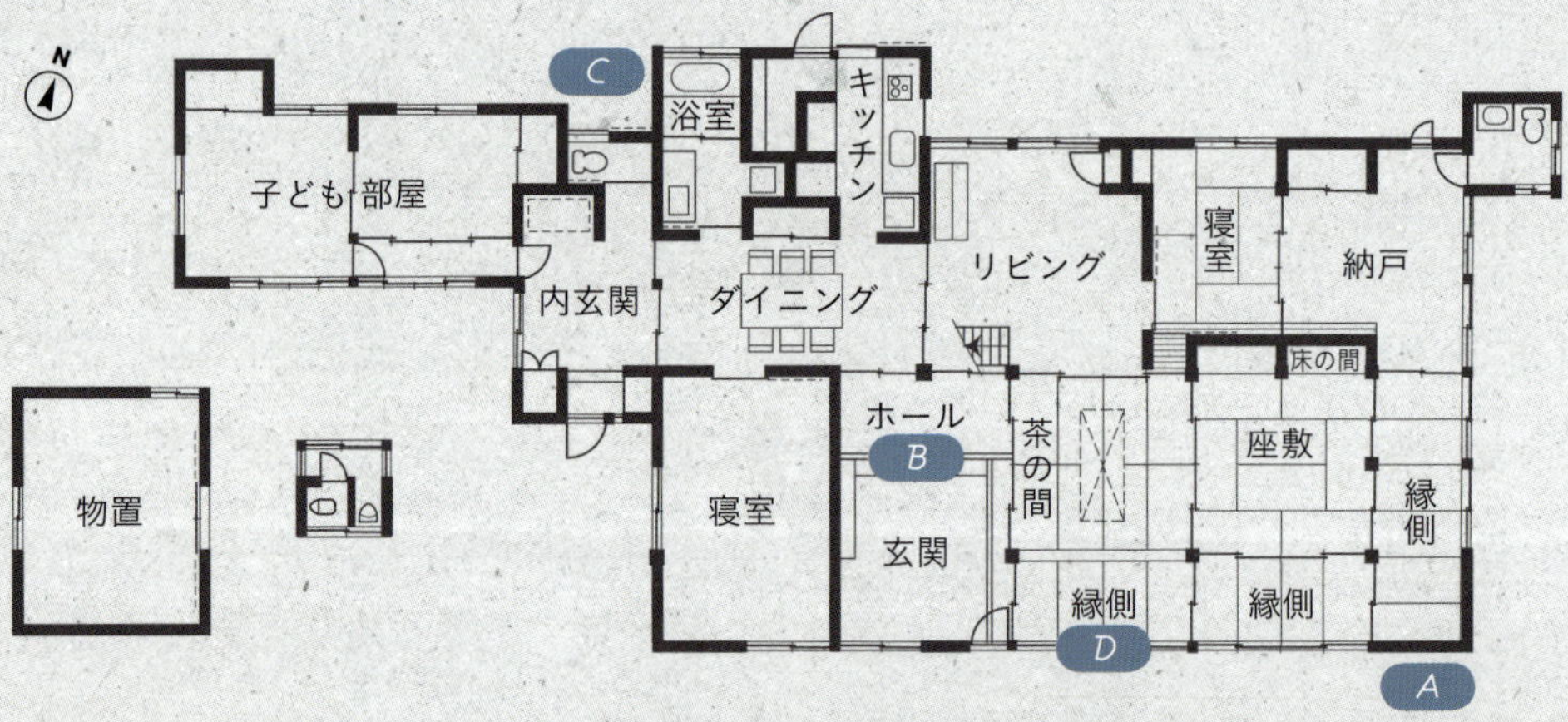

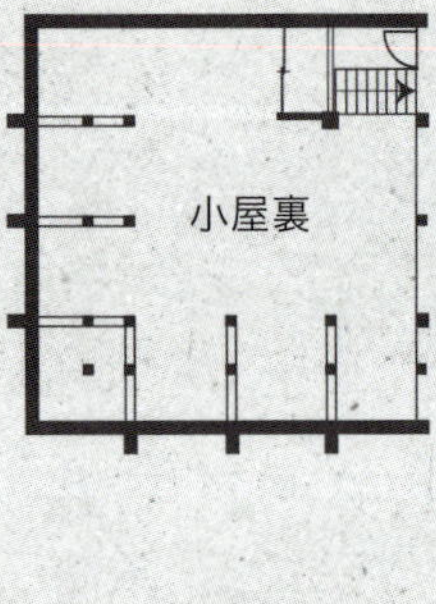

大黒柱にも耐震補強を

玄関ホールの大黒柱は、もともと自然石を使った礎石《そせき》建てだった。腐朽のみられた根元を少し切断し、鉄筋を入れたコンクリートを礎石にして、しっかりと建て直した。元の石より大きいので、地震で多少、建物がずれ動いても安心。

元からの材と新しい材を組み合わせる

基本的には元の柱や梁をそのまま生かしたN邸だが、化粧材以外にも補強や調整のため、各所に新材を取り入れている。古色塗装はあえて行わず、補強部が後世にわかるよう配慮

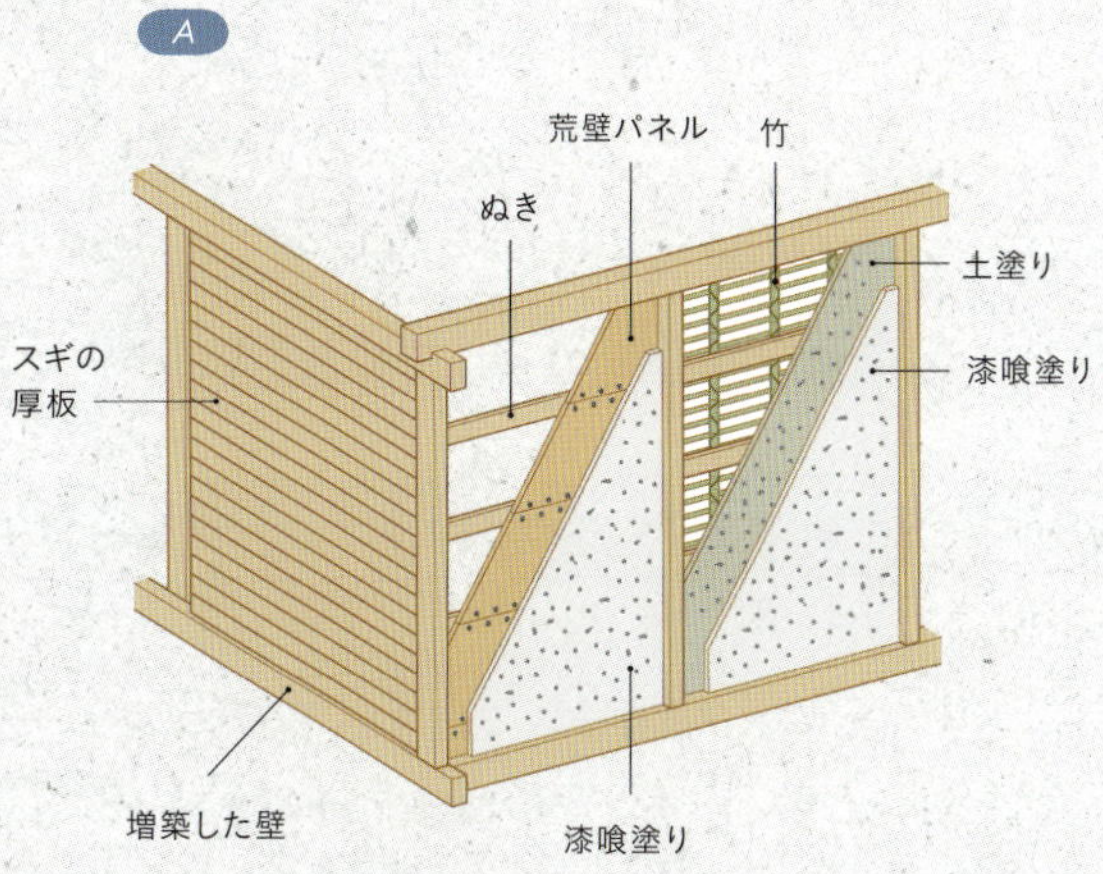

地震に備えて壁面を耐震強化

もともとの土壁は、昔ながらの手法で、竹の下地の上に土と漆喰《しっくい》を重ねて塗って補強した。また柱同士をつなぐぬきがある土壁には、土でつくった“荒壁パネル”を張り、さらに漆喰で仕上げた。一方、新たに増築した壁には、スギの厚板をはめて耐震性を高めている

既存の資材はできるだけ生かす

建造時から重ねた歴史をそのまま感じさせることが、このリフォームでのいちばんのテーマ。桁、束、長押、鴨居、建具などはそのままに生かした

屋外にあった浴室と離れていたトイレをまとめる

浴室や洗面、トイレは家族が集まるダイニングキッチンのそばに置いた。水まわりをまとめると給排水の配管も容易。家事動線もよくなった

CASE
部分リフォーム

岡山県玉野市―大賀邸

開放的な平屋の家

鴨居の低さを解消して、背の高い家族にも暮らしやすく。隠れていたマツの梁を見せて、応接間から仏間まで現代風に衣替え。

右 居間の食卓は長女の提案で掘りごたつ式に。足が楽なうえ、天井の高さも引き立つ。左 手斧《ちょうな》の跡が残るマツの梁を見上げて楽しめるよう、天井に向けた照明もつけた

なだらかな里山を背に建つ、渋く光る屋根と、庭に幾本も植えられたマツが印象的な大賀さん宅は、築百年ほどになる平屋です。家を建てたのは、当主である隆文さんの曾祖父。また庭のマツや石組みは、父がみずから山から運んで据え付けたものだといいます。

　隆文さんが、生まれ育ったこの家を部分的にリフォームしたのは、曾祖父が幾世代にもわたって使えるよう考え抜いた住まいを、たいせつに引き継ぎたいとの思いからでした。

　古い家を残すといっても、昔ながらの間取りの家は、仕切り壁が多くて部屋が狭いうえ、暗くて寒いのも難点。おまけに、父の代で二回ほど直していた水まわりにも不備が出始め、床も弱ってきていただけに、家族からは心配の声が挙がっていました。

けれども農業とともに林業を営んでいた曾祖父が、その目で一つ一つの材までていねいに吟味したという建物は、今もしっかりしていて寸分の狂いもありません。

「これを壊してしまっては、いくらなんでももったいない」と、一年ほど悩んだすえ、不便さを感じるところだけを直し、暮らしやすくリフォームして残そうと決心したのでした。

　子どもの頃から自然に触れるのが好きだった隆文さん。依頼する施工業者選びでは、〝木の印象がいい〟と感じたリフォーム会社を訪ね、旧家リフォームの実績を確認して決定したといいます。

　大賀家は、夫婦と仕事を持つ二十代の子ども三人の五人暮らし。みな、身長百七十～百八十cm前後と背が高く、鴨居の低い日本家屋では、気を

↑ 右の座敷は元のまま。ほかの部屋は100年前からの梁や柱を生かしたバリアフリーの大空間にした

茅葺きを覆う屋根は5年ごとの塗装が必要だったが、耐久性の高い素材に変更した

抜くと頭をぶつけてしまいます。そこでリフォームでは、天井や鴨居の位置を上げて、この悩みを解消すると同時に、仕切り壁も減らして、開放的で明るい空間にすることがいちばんの希望でした。

　最初は、玄関を入って一直線に並ぶ応接間と居間、台所の三室のリフォームを中心に考えていましたが、調査のため天井裏を点検すると、そこに隠れていたのは、手斧の跡も美しいマツの梁。これを大胆に見せる設計にすれば、室内の開放感も増すはず。立派な梁は居間から仏間へと続いていたため、和室二室は元のまま残し、仏間も併せてのリフォームになりました。

　生まれ変わった家の快適さは、玄関を上がればすぐに伝わってきます。フローリングの応接間に入ると、奥まで見渡せる大空間が広がり、白い天井と梁のコントラストもモダンな印象。視線の先には手入れの行き届いた庭も見えます。畳敷きだった居間は、掘りごたつ式のテーブルを置いた洋間に変更。隆文さんの念願だった薪ストーブも設置しました。

↑ 真っ白なシステムキッチンに替えて明るく。オール電化により、光熱費も削減された

天井の高さを強調したリビングは、木の質感が心地よい山小屋風の雰囲気。漆《しっ》喰《くい》壁の家の中で、薪ストーブのまわりだけ、隆文さんの希望でスギの板壁にした

「薪ストーブで冬は暖かく、エアコンも不要。家族もいつも火のまわりに集まります」と隆文さん。

仏間も、段差をなくしたことで、居間の延長として広々と使えるようになりました。

「身長に合わせたシステムキッチンもほんとうに楽です。窓から裏庭が眺められるのもいいですね」と奥さまの浩美さん。オール電化に変えたことで、レンジまわりの掃除が簡単になったのも、うれしい点です。

「こうして広い空間になり、家族が互いに声をかけ合えるのも、平屋のよさかもしれません」

曽祖父の思いを引き継ぎ、現代に合う姿に変わった住まいに、家族の愛着もいっそう増しています。

DATA

- 家族構成：5人
- 完成年月：2011年9月
- 築年数：100年
- 延べ床面積：207.07㎡
- リフォーム面積：82.45㎡
- 構造：木造平屋建て
- 設計・施工：住友林業ホームテック

0120-5-46109

http://www.sumirin-ht.co.jp

建具を取り払い、リビングと続き間にした仏間は、縁なし畳にして現代風に。大きなマツの梁も見せるつくりにした

間取りと改築のポイント

住友林業ホームテック・中村将太さんのコメント
水まわりの老朽化と暗くて圧迫感のある空間がお悩みでした。間仕切りを減らし、天井高を上げることで、明るく風通しのよい開放的な空間となるよう設計。天井裏に隠れていた立派な梁が空間のアクセントになっています。

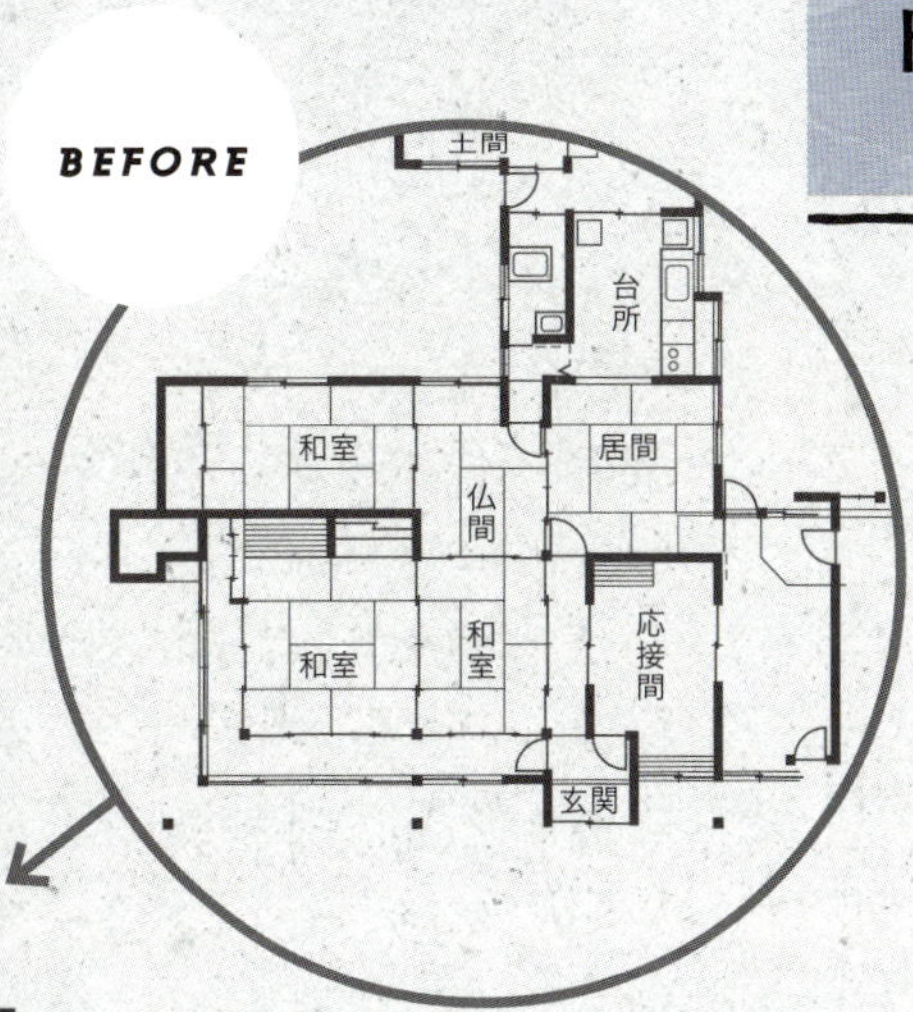

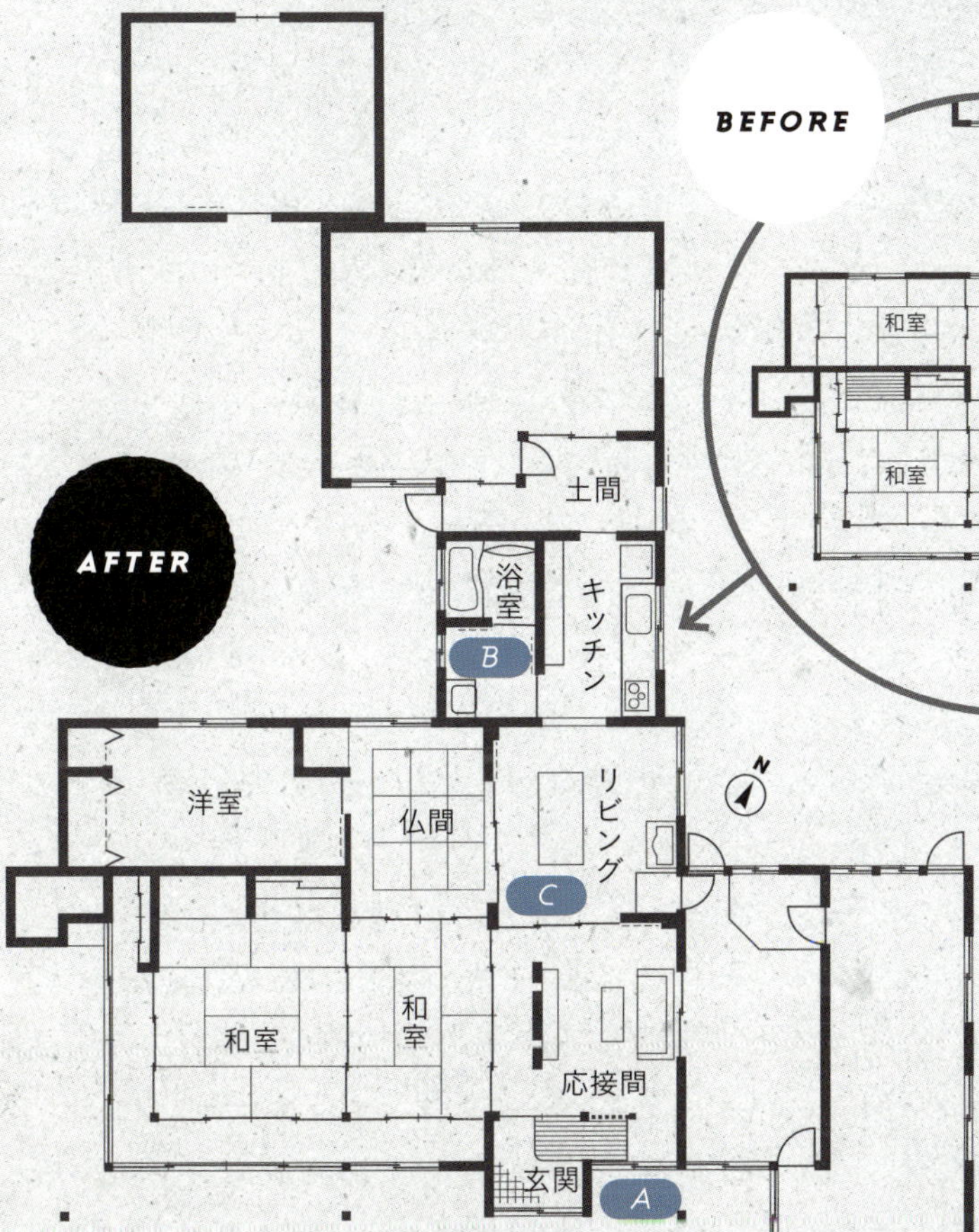

もともとは玄関から廊下が延び、応接間や居間も細かく仕切られていた。また昔ながらの家は鴨居が低く、背をかがめなければ通れなかった。そこで玄関からキッチンまでの空間と仏間を、天井板を取り、現代風にリフォーム

A

玄関から室内を見えにくくする工夫

玄関を入ってすぐに部屋を設けたので、来客から奥が見えないよう、格子窓を入れた壁を立てた。左側の縦格子も、光を透しつつ、視線をさえぎる工夫

C

ひと続きの空間も開け閉め自在で使いやすい

応接間とリビング、仏間、キッチンは段差のない空間。ガラス戸の用い方次第で、いかようにも使える。冬は戸を閉め、ストーブの暖房効率をアップ

B

土間をせばめて浴室スペースをたっぷり

台所の外側にある土間の面積をわずかに減らし、洗面・脱衣所を広くした。ガス焚きだった浴槽とタイル貼りの浴室は、断熱仕様のユニットバスに変更

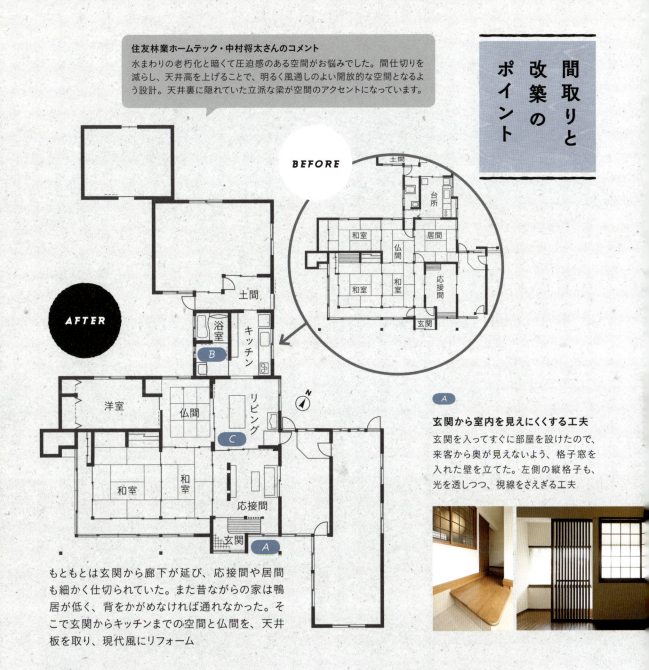

古い家屋を改築する見極めポイント

古い家の特徴と、リフォームするかどうかの見極め方は？
メリット、デメリットとともに解説します。

そもそも「古民家」とはどんな家のことですか？

時代を経た古い家屋を指す「古民家」という言葉には、はっきりとした定義はありません。大正時代以前に建てられたもの、あるいは築50年以上経ったものともいわれますが、いずれにしても釘などの金物を使わない、日本の伝統的軸組工法で建てられた住宅と考えてよいでしょう。

1950年に初めて建築基準法が制定されるまで、日本の家には、壁を斜めに支える材（筋交い・p38参照）は入っていませんでした。筋交いは壁の耐力を強めて地震などによる倒壊を防ぐためのものですが、それ以前の家もそう簡単には倒れなかったからこそ、数百年も残ってきたわけです。それは柱や梁を、仕口《しくち》と呼ぶ複雑な接合技術で、釘を使わずに組んでいたから。建築基準法制定時の耐震基準では、この仕口などの耐震性を評価しなかったために、筋交いを入れる必要が出てきたのです。

そうした新しい方法を使わずに、古来の技術で建造したものが、「古民家」。その後長く住むうちに、各時代の素材や技術、設備を使って改装、改築しているケースも含まれます。

日本の〝昔ながらの家〟には、どんな特徴がありますか？

農家と町家で違いますが、共通する特徴は、部屋を個室化する間仕切り壁がない点です。襖や障子など薄い建具だけで仕切ってあり、声も筒抜け。互いに配慮しあって暮らすという様式は、平安時代の寝殿造り以来続いてきた生活スタイルです。

各部屋は、現代の住宅の〝リビング〟〝寝室〟〝子ども部屋〟のように機能を特化していません。ちゃぶ台を置けば食事の場、布団を敷けば寝室、襖を外せば大広間に。それぞれ多用途に使えるユニバーサルな空間といえます。洋風の部屋は〝ベッドがあるから寝室〟というように、家具なしでは成り立ちません。一方、いっさいの家具がなくても成立するのが和室です。

農家のつくりは、敷地の中央部に母屋があり、周囲には蔵、納屋などが配置されています。湿気やにおいを嫌い、浴室やトイレも母屋の外に置いているのが伝統的なつくりです。母屋の間取りは田の字が基本。座敷や茶の間などを「田」の字のように配置し、建具で仕切ったものです。仏間など上位の部屋は畳敷き、日常の生活空間は板間、台所は土間でした。

屋根は草葺や茅葺、瓦葺など。基本は平屋ですが、屋根が大きく、広い屋根裏があります。囲炉裏の名残で、屋根に煙出しがついていることも。軒は深く、夏の直射日光は室内には入りません。『徒然草』に「家の作りやうは、夏をむねとすべし」とあるとおり、風通しよく、高温多湿の夏は快適ですが、冬はつらいものです。

都市の町家は、道路に面して建ち、左右の隣家と接しているか、すきまがあってもわずかです。奥に向かって細長く、光や風を入れるために、土間の通り庭や、坪庭を設けました。商家の場合、入り口の部屋はミセとし、家族が過ごす部屋は奥にあります。敷地が限られるので、2階建て、3階建ても多くみられます。

いずれの場合も、昭和に入って生活スタイルが変わると、ほとんどの家が改装・改築を施しています。土間の台所はシステムキッチンに、トイレも屋内に置いて水洗に。和室を洋間に変えたり、平屋に2階をつくったりするケースが多数です。

古い家のほうが長もちするといわれる理由は？

日本の伝統建築は、基本的にその土地の木でつくられています。金属や化学製品は経年とともに劣化しますが、木材は時間とともに強度を増していきます。たとえば樹齢100年のヒノキは、伐採100年後にもっとも引っ張り強度・圧縮強度が増すとの研究報告も。世界最古の木造建築である法隆寺は1400年以上前に建てられました。金物を使わず、土地の気候に合った木で組んだ建物は、非常に耐久性が高いのです。

また、昔の家は、自然環境に対して無理をしないつくりになっています。換気がいいので湿気による腐食が起きにくく、素材のシンプルさゆえにメンテナンスも容易です。もちろんそのぶん住む人の努力や忍耐は必要ですが、当時はそれが当たり前でした。

問題は、木と竹と紙で構成された家は、火事に弱いということ。土蔵を併設した家が多いのは、たいせつなものを火災から守るためです。

日本の民家に使われる木材はどんな種類がありますか？

伝統的な建築に使われる木材は「適材適所」。基礎に近いところには腐りにくく虫害にも強いヒノキ、ヒバ、ケヤキ、クリなど、梁や柱は強度のあるケヤキ、マツなど、構造材ではない造作や化粧材には、目にやわらかさを感じるスギやサワラ、サクラ、ヒノキ、あるいは木目に迫力のあるケヤキなど……と、だいたいは以上の3用途に分けて、その場に適した材を用います。

どの材も、たいていはその土地でとれるものを使います。その土地で生育した木は、製材したあとでも、気候に合い、長もちします。

別の建物で使っていた材を再利用することもしばしば。また、後の世代の建て替え用、メンテナンス用として、裏山や屋敷林に木を植えていた家も珍しくありません。

右上 ひさしに使われているマツ。耐久性が高い(p.55)
左上 木目が美しいスギ。化粧材によく使われる(p.22)
下 大黒柱の材は地域にもよる。写真はケヤキ(p.62)

リフォームか建て替えか、判断する基準はありますか？

ひとことで言えば、今の家を変えてどんな家にしたいのか、その目的や思い描く夢次第でしょう。

古民家にお住まいであれば、更地にして、元と同じような家を新築するのは、現代では膨大な費用がかかりますし、建築基準法に抵触する場合も多々あり、難しいのが現実です。大黒柱が腐っている、根太《ねだ》が抜けている、床が斜めである、など、相当に傷んでいても、修復的な意味でいえば、費用をかければ再生はできます。技術的にリフォームのできない家はありません。

ただし、求める利便性によっては、リフォームでは実現が難しかったり、費用が高くなったりします。自分が求める利便性と、既存の家への愛着、そしてかけられる費用のバランスを考えて検討しましょう。

家が古いと、耐震性が問題になりますか？

前述したように、木だけで組んだ日本の民家はたいへん強靭です。状態のよい家なら、筋交いがなくても、太い梁と頑丈な骨組が揺れを吸収してくれます。しかし状態の悪い家は別。柱の下部が腐食していたりシロアリに食害されていたりすると、じゅうぶんな耐力が期待できません。

また、海風の強い地域では建物を安定させるため屋根が重く、建物への負担が大きいこともあります。

さらに、改築によって重さのバランスが崩れている場合や、地盤が悪くて徐々に傾きが出ている場合もあります。不安なときは、耐震性の調査を依頼することをおすすめします。

家の老朽具合は、どこを見れば判断できますか？

屋根が落ちる、家が傾く、床が抜ける、壁がはがれる……など、見た目ですぐわかる現象はもちろんですが、パッと見ではわからない老朽具合をチェックするには、まずは基礎部分を見ることです。

コンクリートの基礎にしてあるなら、大きなヒビが入っていないか注意。換気口まわりは構造的にヒビが入りやすいのですが、他の部分に大きなヒビがあると、不同沈下など重大な問題が考えられます。できれば、土台部の柱が腐食していないかもチェックしましょう。

屋内では、建具の建てつけが悪くなってくると、家が歪んできていることが疑われます。壁のヒビも同様です。また、床がデコボコしたり傾いたりしているときも、床下に問題が発生しているはず。きちんと調べる必要があると思われます。

おかしいと思ったら、ぜひ専門家に相談してみましょう。

上 基礎の不同沈下から発生しているとみられるヒビ。補強が必要

下 換気口まわりはヒビが入りやすい

3章

親と子がともに心地よい住まい

家には長い歴史があります。二世帯同居をするときに考えたいのが、これから住む家族に家がマッチしているかどうか。親と子といっても、祖父母世帯と父母世帯、父母世帯と子ども世帯など。暮らす家族の人数やあり方は、時代によって変化していきます。「昔の子ども部屋はいらないな」「あの部屋があいているな」そんな空間を生かすことで、親も子も心地よい住まいに変わります。

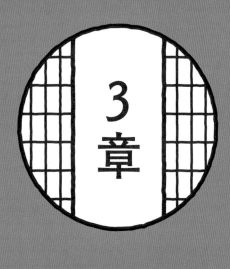

静岡県 菊川市—S邸

CASE 1

和と洋が調和する家

純和風の親世帯と、カントリー調にしつらえた子世帯の部屋が玄関を介してつながる驚きのあるリフォーム。

子世帯の部屋は、床や腰壁に、あえて節のあるパイン材を使い、カントリー調のインテリアが似合う空間にした。もともとあった柱や桁の木組みは、壁や天井と同じ白で塗装している

白いオープンキッチンを中心にした、子世帯のLDK。天井に残した梁も、洋風の雰囲気に不思議とよく似合っている

住まいを囲むように一面に広がる茶畑。この土地で四百年余りもの長い歴史を紡いできたSさん宅では、初夏から秋まで、菊川茶の摘み取りに精が出ます。

二世帯住宅にリフォームしてから、家に暮らすのは三世代六人。今では茶摘みの時期、忙しい祖父母をお手伝いする孫も加わりました。

S家の先祖は戦国時代の駿河の武将、今川義元の家臣。武家を捨てて、荒れ地だったこの地に居を構え、二代にわたり水を引いて農地に変えて、代々庄屋として地域をまとめてきたといいます。現在の家は明治四十一年に建てたもの。Sさんは長年企業に勤務し、実家を離れていましたが、十数年前、十五代続く家を継ぐために戻り、生まれ育ったふるさとで生

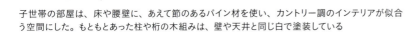

和室だった部分も取り込んで広くしたダイニングキッチンは、梁や、太い竿縁の天井を生かした旧家らしい風情

上 こちらは親世帯の部屋。座敷からリビングを通して玄関を望む。夏は建具を開け放てば、風が抜けて涼しい。日本古来の間取りのよさを残している。**右下** 庄屋としての長い歴史を感じさせる門構え。中に広がる庭もたっぷりと広い。**左下** 茶畑と木々に囲まれたS家。子世帯が住む右手の2階家は以前に増築した部分で、内部は母屋とつながっている。共用する玄関は母屋側にある

活するようになりました。

しかし、両親を看取ってからは広い建物に奥さまとの二人暮らし。壁が少なく屋根も重い家は、耐震性の面でも心配です。息子のMさん一家と同居するにしても、古いつくりのままでは住みにくく、また敷地に別棟を建てたのでは、いずれ母屋は朽ちることになってしまいます。

「よい材も使ってあり、つぶしてしまうのはもったいなかった」とSさん。それならリフォームして一緒に住もうという話に。Mさんも「子どもが小さいうちに祖父母と同居するのがよいと思いました」と話します。

そこで、県内でたまたま同規模のリフォーム工事をしていた施工会社の実例を見学に行き、旧家の雰囲気や素材を生かしたデザインに共感。さっそく相談することにしました。

世代の違う親と子では、当然、生活様式も好みも違います。Sさん夫婦の希望は、旧家らしさと日本の気候に合った間取りを残した和のたたずまい。一方、Mさん一家は、カントリー調の家具が似合う、機能的で明るい家が望みでした。

右 どこを見ても洋風の内装に変えた子世帯の住居スペース。以前は寝室や納戸、トイレなどがあった場所を、広いLDKにした。ガラス瓦を使った天窓からも光が入る。 左上 白を基調にしたキッチンは、使いやすさを考えて、作業スペースの広いものを選んだ。オレンジ色のシンクはMさんの奥さまのお気に入り。 左下 2階の子ども部屋2室は、内装だけを新しくした。長女の部屋はピンク系のコーディネート

一つの建物で、全く方向の異なる二つの希望。親子両方の意見をじっくり聞いて、取り持ってくれたのは設計担当者でした。

「家族だけで話したらもめそうなことも、うまく調整してもらいました」と息子のMさん。

その結果、玄関はいつでも行き来できるように共用にし、左側部分を親世帯、右側と増築部分を子世帯用として、それぞれにキッチンや浴室、トイレを設けることになったのです。

リフォーム後の住まいは、じつにユニークです。

重厚な天井の玄関を入ると、左手に和風の建具をそのまま残した親世帯のリビングがあります。奥を見通せば、仏間と、書院造りの座敷の凛とした風情も魅力です。ダイニングには太い梁を残し、そのほかにも葛布の襖、簾戸《すど》、百五十年前の家具なども生かすことができました。また、浴室やトイレは寝室の横に設計し、使い勝手もよくなりました。

そして、玄関右手のドアを開けると、訪れる誰もが驚く洋風の住まいが現れます。白い壁に明るい色合い

右上 母屋の内廊下。正面はダイニングの扉、廊下沿いに浴室やトイレなどがある。暗い足元を明かりが照らす。**右下** 座敷の外側はサクラ材の広縁。床下には断熱材を入れて張り直した。リフォーム後に石庭風につくり替えた庭の景色も、座敷からの楽しみ。**左** 座敷は壁や建具、畳の化粧直しのみにとどめた。格子の美しい付け書院など、華美を排したつくりには、先祖の思いが伝わってくる

のパイン材を組み合わせ、ナチュラルなカントリー家具もしっくりなじむ室内は、純日本的な外観からはとても想像できません。

　お互いの顔が見える、ほどよい距離感の空間を、二人の子どもたちは自由に行き来する毎日。どちらかの世帯で、三世代いっしょに食事をすることもよくあるとか。

「にぎやかな暮らしになりました。外に出た子や孫たちもみな、いい家になったねと言ってくれるんです」とSさん。

　基礎部分から直した家は、耐震面でも安心。築百年を超えて、これからもS家の新しい歴史を受け止めていきます。

DATA

- 家族構成：6人
- 完成年月：2010年12月
- 築年数：107年
- 延べ床面積：263.95㎡
- 構造：木造2階建て
- 設計・施工：住友林業ホームテック

　0120-5-46109

　http://www.sumirin-ht.co.jp

間取りと改築のポイント

BEFORE

もともと田の字のつくりの家に、過去のリフォームで玄関奥に洋室とダイニングキッチンを、玄関の右側に寝室や納戸、子ども部屋などがある2階家を増築していた。部屋数はあるが、プライバシー性がないため、2世帯では暮らしにくかった

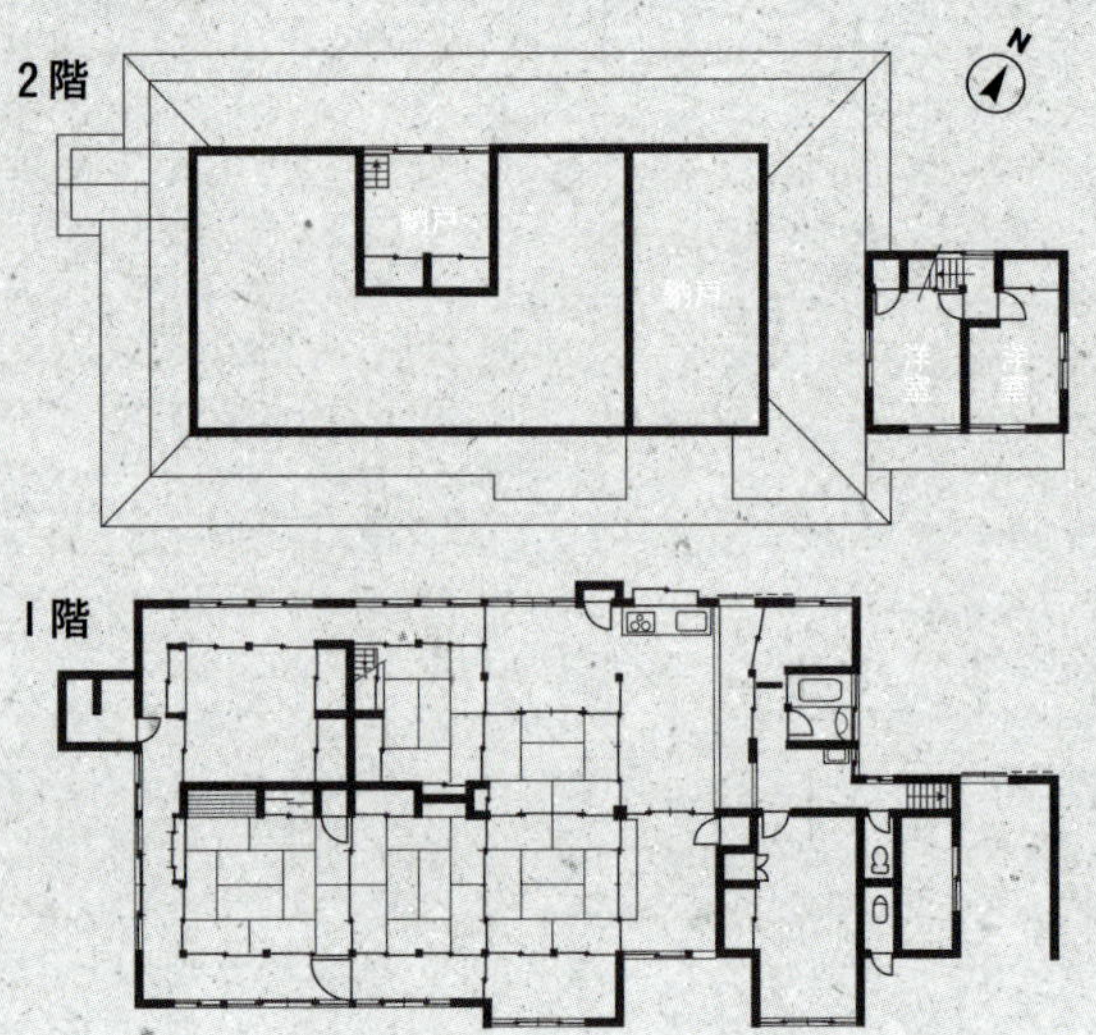

AFTER

右側2階家の1階を子世帯のLDKと寝室に。左側の母屋は和室3室をつぶして、親世帯のLDKと浴室を。元のキッチン部分は、子世帯が使う大きな収納に

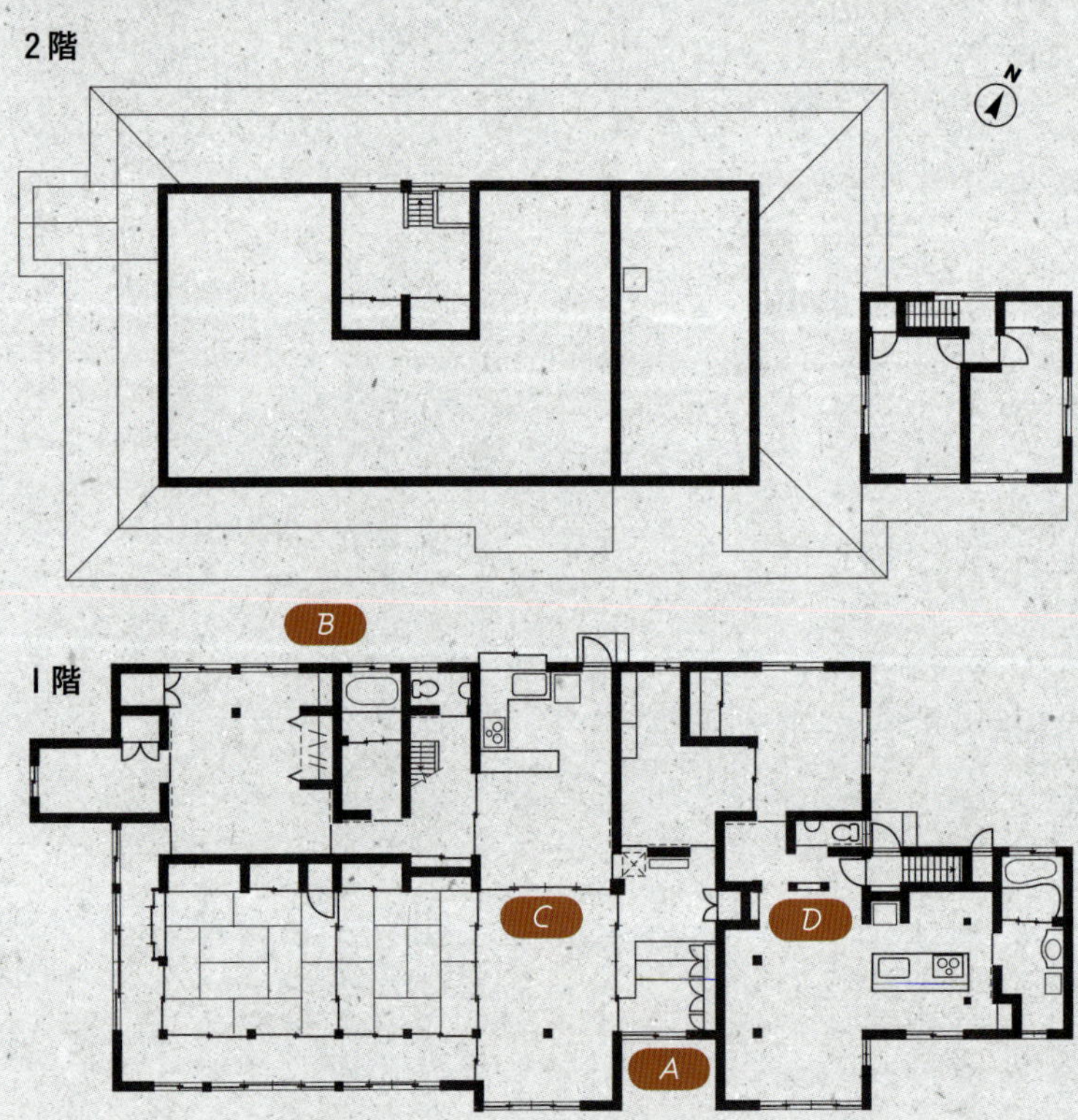

住友林業ホームテック・稲吉利徳さん、鈴木輝明さんのコメント

2世帯リフォームということで、互いの気配を感じながら、ほどよい距離感を保った間取りを提案できました。世代を超えて、住み継いでいただきたいです。

右が洋空間、左が和空間！

玄関を境に、親世帯と子世帯で浴室やキッチンなどの生活機能を完全に分離。壁で区切られているので、和と洋の雰囲気が混在することはなく、プライバシーも保たれる

親戚が集まるときに重宝する母屋の2間続きの座敷は、欄間も美しい。広縁の天井にも断熱材を入れた

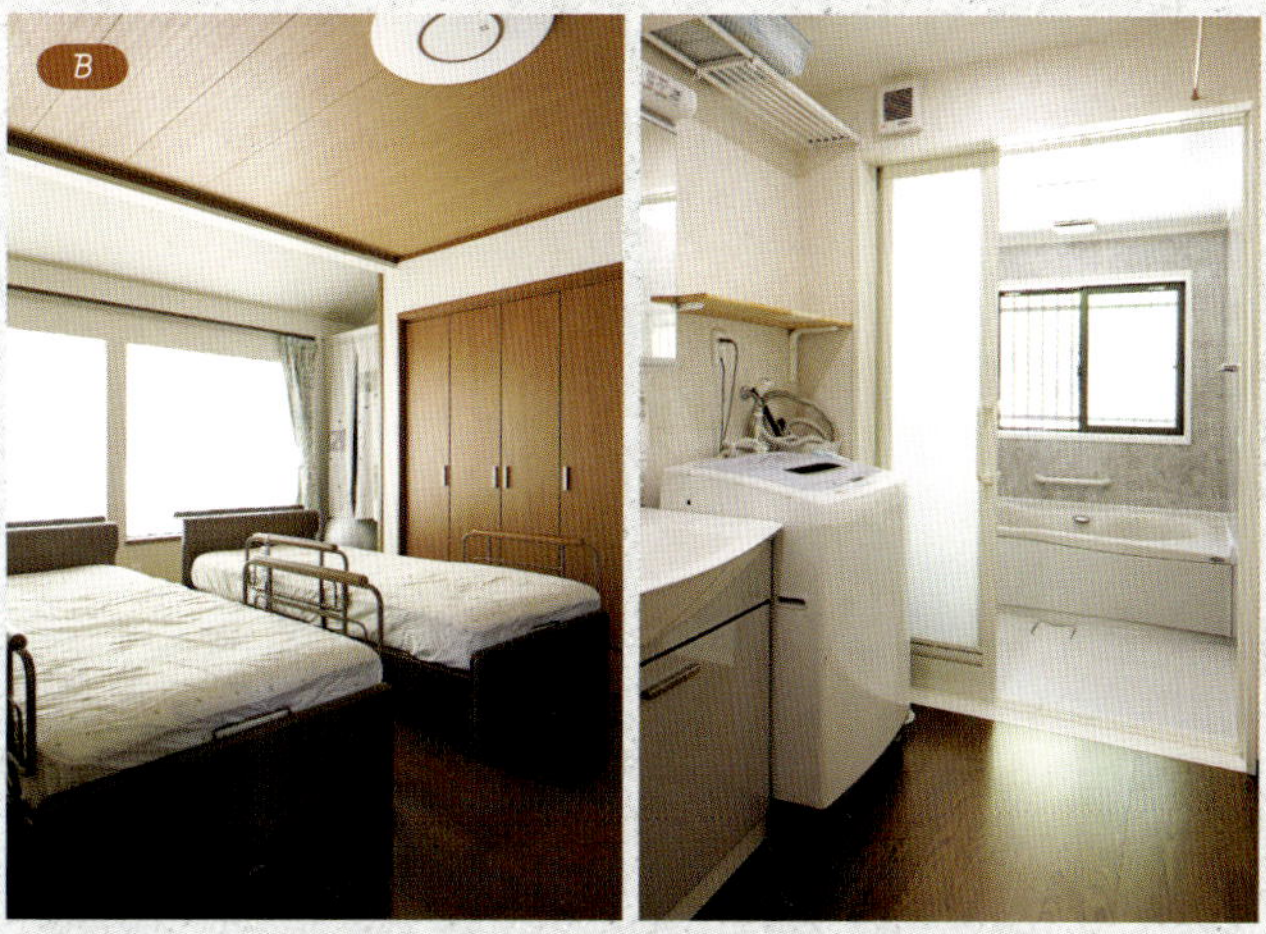

親世帯エリアは水まわりと寝室を近づけて生活しやすく

左 北側の廊下を取り込んで、明るく広くなった寝室。クローゼットや納戸もつけ、収納も充実した。右 バリアフリーの浴室は、寝室の入り口そば。トイレも寝室への通り道に置いて行き来を楽にした

**玄関を共用することで
互いの存在を身近に感じる**

ゆったりとしたホールを設けた玄関は、2世帯共用。右に子世帯、左に親世帯がある。正面の建具の奥はウオークインクローゼット

子世帯エリアは無着色のパイン材を使った完全洋風の空間

床や腰壁のほか、建具にも、自然な木の色をそのまま生かしたパイン材を使用。外観は和風でも、内部は完全な洋風仕上げにした

親世帯のリビングはいつもオープンに

玄関脇の和室と広縁を洋間に変えた親世帯のリビング。玄関ホールに面した障子は、昼間は開け放ち、3世代が自由に集える空間にした

CASE 2

岡山県—片山邸

階段だんすのある家

四室をつなげた広いＬＤＫの主役は、歴史を刻む階段だんす。
バリアフリーで親子が気楽に行き来できる。

和室4室と台所を、1室にまとめた広いLDK。以前からあった吹き抜けも、いっそう生きた。梁や柱は塗装し直している

土壁に囲まれた玄関内部。もともとここにあった下地窓や、壁にかけた欄間が、白い空間のほどよいアクセントになった

旧山陽道沿いに建つ片山さん宅は、江戸時代には代官所だった建物。白壁の棟門のある、端正なたたずまいが印象的です。

長年、大阪で生活していた夫妻が、ご主人の生家のリフォームに踏み切ったのは、一人暮らしの父が体調を崩したのがきっかけでした。都会で同居するより、百七十八年の歴史を持つこの家でのんびりと暮らしてほしかったのだといいます。

リフォーム前は一階に七つの和室と台所、土間がありましたが、実際に使っていたのは父が過ごす四畳半と三畳だけ。二階の四室も荷物で埋もれていました。

「暗くて寒く、水まわりも不便。せっかくの棟門も閉じたままでした」

街道沿いに建つ片山邸は、白い漆喰《しっくい》壁と瓦のコントラストも魅力。右側には棟門がある。父一人暮らしの頃は、全く開けることはなかった

リビングに置いた大きな階段だんす。塗り直してもらい、すっかりきれいになった。小物などを飾るにも最適

客間、仏間として使っている和室2室は、つくりはそのままに、壁を塗り替え、襖などは張り替えた。書院の障子の桟も修復している

西側の角にあったキッチンはLDKの中央に移動。ダイニングとの間に開口がある。洗面室とつながっていて、家事動線もいい

大阪に暮らしながら設計を進め、既存の梁や柱は生かしたまま、内部を大きく改装することに決めた片山さん。依頼した三井のリフォームの提案は、細やかな配慮と、伝統とモダンが融合したデザインで、夫妻とも満足のいくものでした。

一階の四室と縁側をまとめて広いLDを設け、キッチンや浴室も新しく設置。床暖房やペアガラスのサッシのおかげで、冬の寒さもすっかり解消されました。父の居室は北の離れにつく

↑

狭い納戸や和室があった2階は、壁をすべて取り払い、梁の美しさを見せる大空間に。母の嫁入り道具だった長持も残している

長年閉じていた棟門を開き、荒れていた前庭を、明るくすっきりとしたアプローチに。きれいに塗り直した漆喰壁も、格調を感じさせる

り、バリアフリーの廊下や、中庭のウッドデッキで気軽に行き来できるようにしています。

残すべきものをきちんと残すことも夫婦の希望でした。そこで、太い梁は洗いをかけて塗装し直し、土の落ちた壁も地元の左官職人の手でていねいに直しました。彫りの美しい欄間や、土間の下地窓なども、しっかりと生かしています。なかでも奥さまのお気に入りが階段だんす。「一度は捨てようと思いましたが、塗り直したらとてもきれいになって。今ではリビングの主役です」と奥さま。父もこの階段だんすを眺めては、懐かしさに目を細めます。

DATA

- 家族構成：3人（80代父、50代夫婦）
- 完成年月：2006年9月
- 築年数：176年
- 敷地面積：317.09㎡
- 延べ床面積：263.95㎡
- 構造：木造2階建て
- 費用：約3800万円
- 設計・施工：三井のリフォーム
  0120-24-3131
  http://www.mitsui-reform.com/

間取りと改築のポイント

BEFORE

3畳間から8畳間まで、細かな部屋割りになっていた建物。棟門は閉じたままで、父はふだん、土間から出入りし、キッチン横の2間しか使用していなかった。2階の部屋は、すべて物置状態になっていた

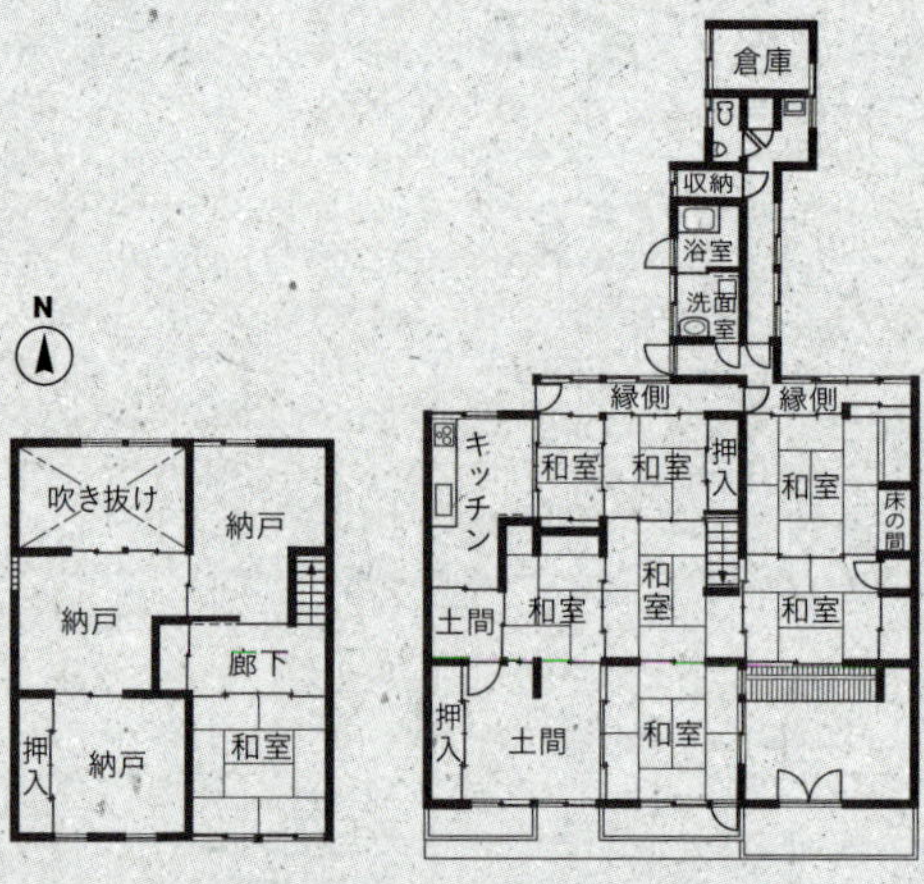

2階　　1階

AFTER

和室4部屋を使い、ゆったりとしたLDKをつくった。土間はカーポートと浴室に変更。奥まった玄関を設け、左の和室は夫婦の寝室にした。倉庫だった部分を父の居室に変え、ウッドデッキや廊下で自由に行き来できるように。2階は広々としたフリールームにした

三井のリフォーム
リフォームプランナー一級建築士・
冨井保子さんのコメント

もともと1階、2階で世帯を分けることを希望されましたが、北の離れをお父様の居室とすることをご提案。2世帯が縦でなく平面で行き来できるようにし、家の中央に団欒の場である広いLDKをつくりました。

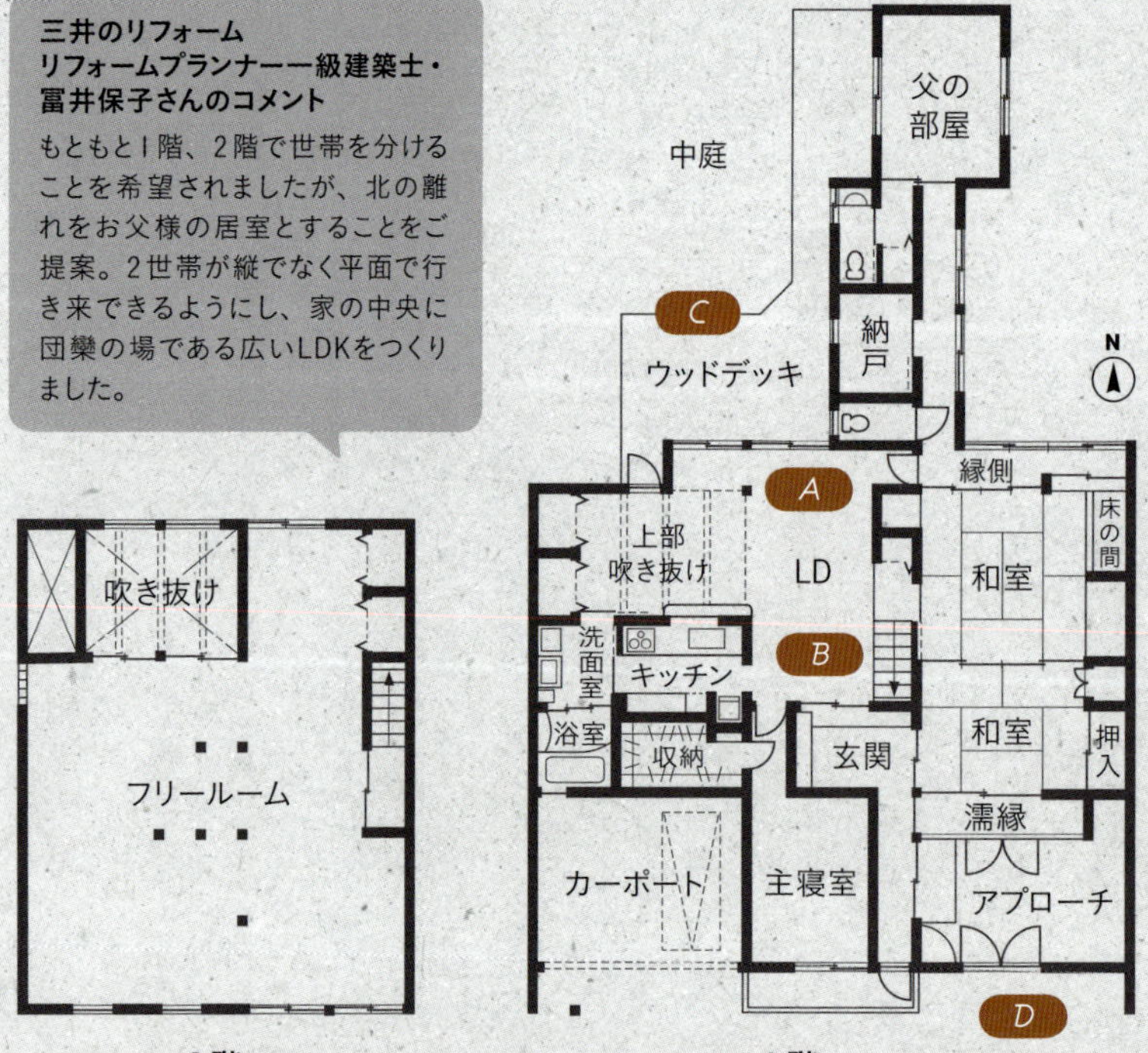

2階　　1階

改築途中で出た素材は
できるだけ生かして

解体していくなかで出た素材も、できるだけ生かした片山さん。和室に使われていた欄間は、きれいにして玄関の飾りに活用（p.82）。鬼瓦はアプローチのあしらいに（p.87）。

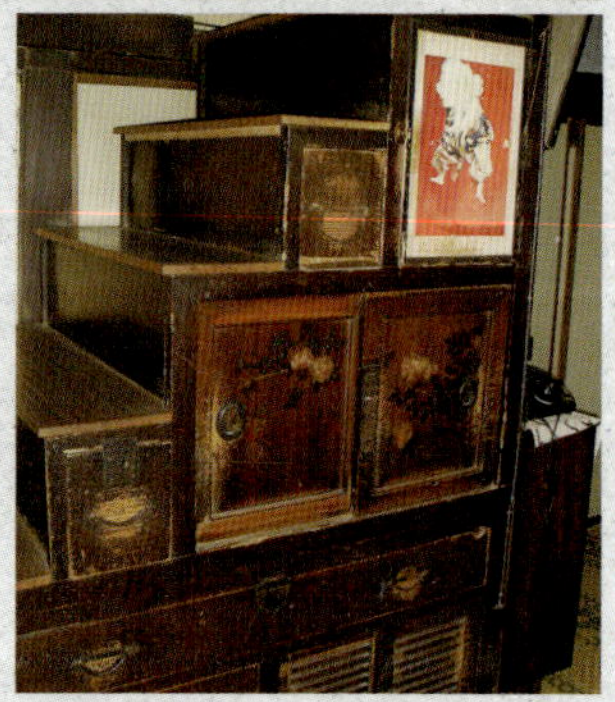

昔は物入れとして使っていた、階段だんす。漆の塗装も傷み、捨てられる寸前だったが、きれいに変身（p.83）

暗かった和室をつなげ、ペアガラスで明るく暖かく

父の居室だったキッチン横の和室をLDKに。物置代わりの縁側からは光が入らず、暗く寒かったが、ペアガラスに替えて、北面の穏やかな光を取り入れた。天井近くの壁に設けた高窓からも光が注ぎ、床暖房で暖かい

バリアフリーの廊下と ウッドデッキで移動しやすく

父の居室と母屋をつなぐ廊下とウッドデッキは、どちらもバリアフリー。廊下には父が使うトイレもある。暖かな季節は、ウッドデッキで庭を眺めて過ごす

階段だんすをリビングのアクセントに

設計者の提案で再生させた階段だんすは、玄関を入ってすぐのリビングの一角に据え、2階に上がるのに使用。思い出深い品がいきいきとよみがえった

歴史を伝えるかたちを残して

アプローチは、ふだんの出入りに使うだけでなく、家の歴史を表す場所に。鬼瓦には、この家が建てられた「文政十三年」の刻印もある。棟門も調整し、昼間は開けるようにした

CASE 3

静岡県 藤枝市｜小塩邸

ほどよい距離感の家

二十五年前に増築した洋室を子世帯のＬＤＫに。
使わない空き部屋を利用し、プライバシーを保った二世帯住宅。

昔、子ども部屋として使っていた2階の2室を、子世帯のLDKに。パイン材の床と、真っ白な漆喰《しっくい》壁がナチュラルな印象をつくる

わずか四十日間で、家族みんなが思い描いた理想のリフォームを実現した小塩さん。以前は母の春代さんが一人で暮らしていましたが、築三十二年になる建物は、キッチンや廊下の床が大きく浮き上がっていたうえ、外壁に断熱材が入っていなかったため冬の寒さがつらく、ほうってはおけない状態だったといいます。

そこで、浴室を改装した姉のすすめで、リフォーム会社へ相談に。話を進めるうち、近くでアパート暮らしをしていた息子の安則さんと裕美子さん夫婦も、二階をリフォームして同居することに決めました。

小塩家には母屋と、二十五年前、五人家族だった頃に増築した倉庫上の二か所に二階がありました。子どもたちが巣立ってからは、どちらもほとんど使うことはありません。

別々に暮らしてきた二世帯の同居にあたり、家族が希望したのは、プライバシーをだいじにしながら、楽に行き来できて、明るい住まい。そんな思いをじゅうぶんに汲み取って提案されたプランは、倉庫上の二室を広いＬＤＫにし、母屋二階と結ぶというものでした。

安則さんは「平面図だけではわからないドアや窓の位置、床や壁の素材なども工事中に一つ一つ相談して決めることができ、とても満足のいくリフォームになりました」と振り返ります。

壁は、スイスの天然漆喰を粗く塗った洋風の仕上げ。裕美子さんが立ち会って、塗り方を相談した

壁に設けたニッチに、雑貨やグリーンが調和。漆喰の調湿・においの吸着作用で空気もきれい

奥行き105cmの幅広いキッチンが、LDKの主役。料理をしながら、リビングの家族や友人と会話が楽しめる

完成した二階はナチュラル調。料理の得意な裕美子さんの希望で、奥行きのあるカウンターキッチンを入れました。広く明るい室内では、訪れた友人たちとの会話も弾みます。

春代さんが暮らす一階は、床をバリアフリー化し、壁も断熱。ダイニングキッチンと和室を一室にまとめたことで、暗さも解消できました。

「わが家への愛着がいっそう増しました。息子たちがそばにいるのも心強いですね」と春代さん。

若夫婦ともども行き来しながら、楽しい二世帯暮らしを送っています。

1階の母のリビングの上にある渡り廊下は、子世帯の和室に通じる

以前に一度修理していたが、また床がブカブカと浮いてきた1階廊下も、すっかりきれいに。周囲の壁も張り替えて、明るい雰囲気になった

DATA

- 家族構成：3人（40代夫婦+70代母）
- 完成年月：2012年7月
- 築年数：32年
- 敷地面積：281.82㎡
- 延べ床面積：107.82㎡
- 構造：木造2階建て
- 費用：800万円
- 施工：住まいコンシェル ライファ 藤枝 *1
- 問い合わせ：LIXILリフォームチェーン *2

  0120-179-346

*1）2015年4月よりLIXILリフォームショップ ホームショップいけやに店名変更
*2）2015年4月より LIXILリフォームショップに名称変更

1階のリビングは、元は和室だった。洋間に変え、大きな壁面収納も設けて暮らしやすくなった。庭に出るのも楽

母の使う1階ダイニングキッチンは、床を張り替え、システムキッチンを交換。吊り棚には白い鏡面素材を選んで、明るさをアップ

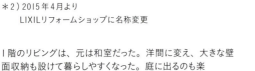

BEFORE

最初は左側部分だけの2階建て。25年前に2階を増築した。築32年が過ぎ、床や水まわりが傷んでいた。また、母1人で、2階はほとんど使っていなかった

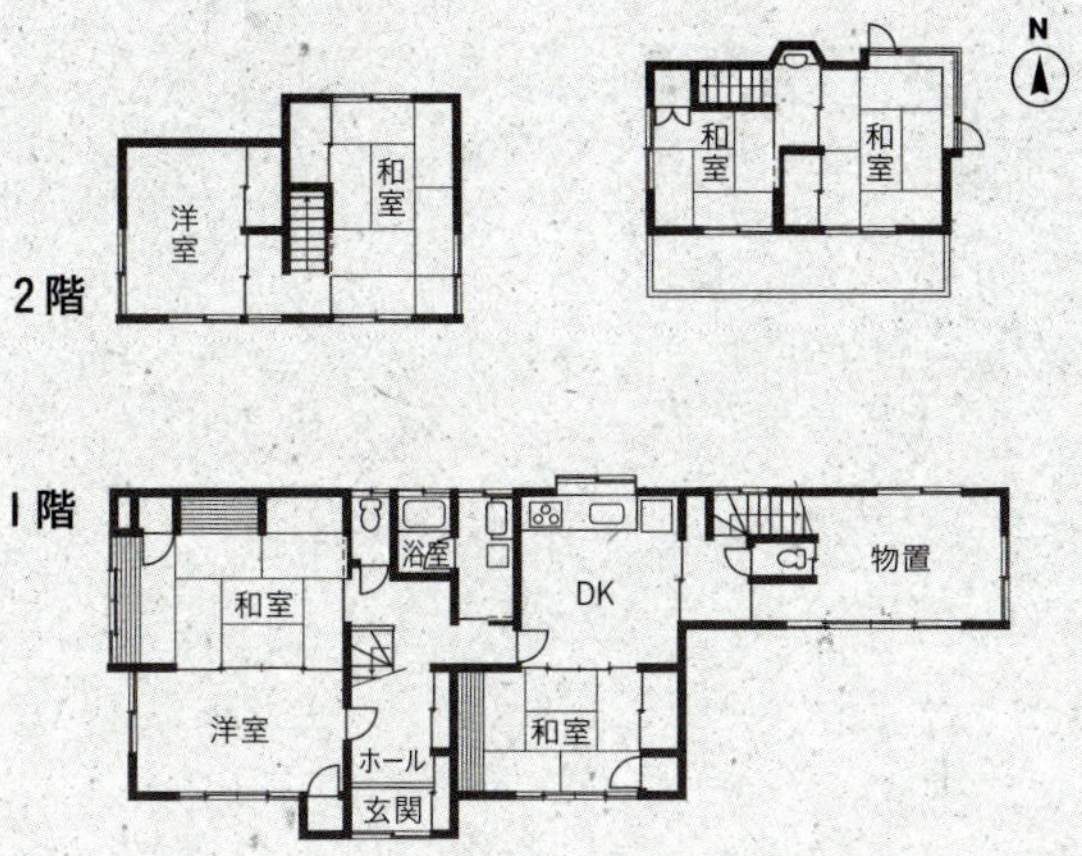

AFTER

2階は子世帯の住まいに変更。倉庫上を広いLDKにし、母屋の2階と渡り廊下でつないだ。1階はダイニングキッチンと和室をまとめ、玄関も含めて床を張り替え。周囲に断熱材も入れた。浴室は共用する

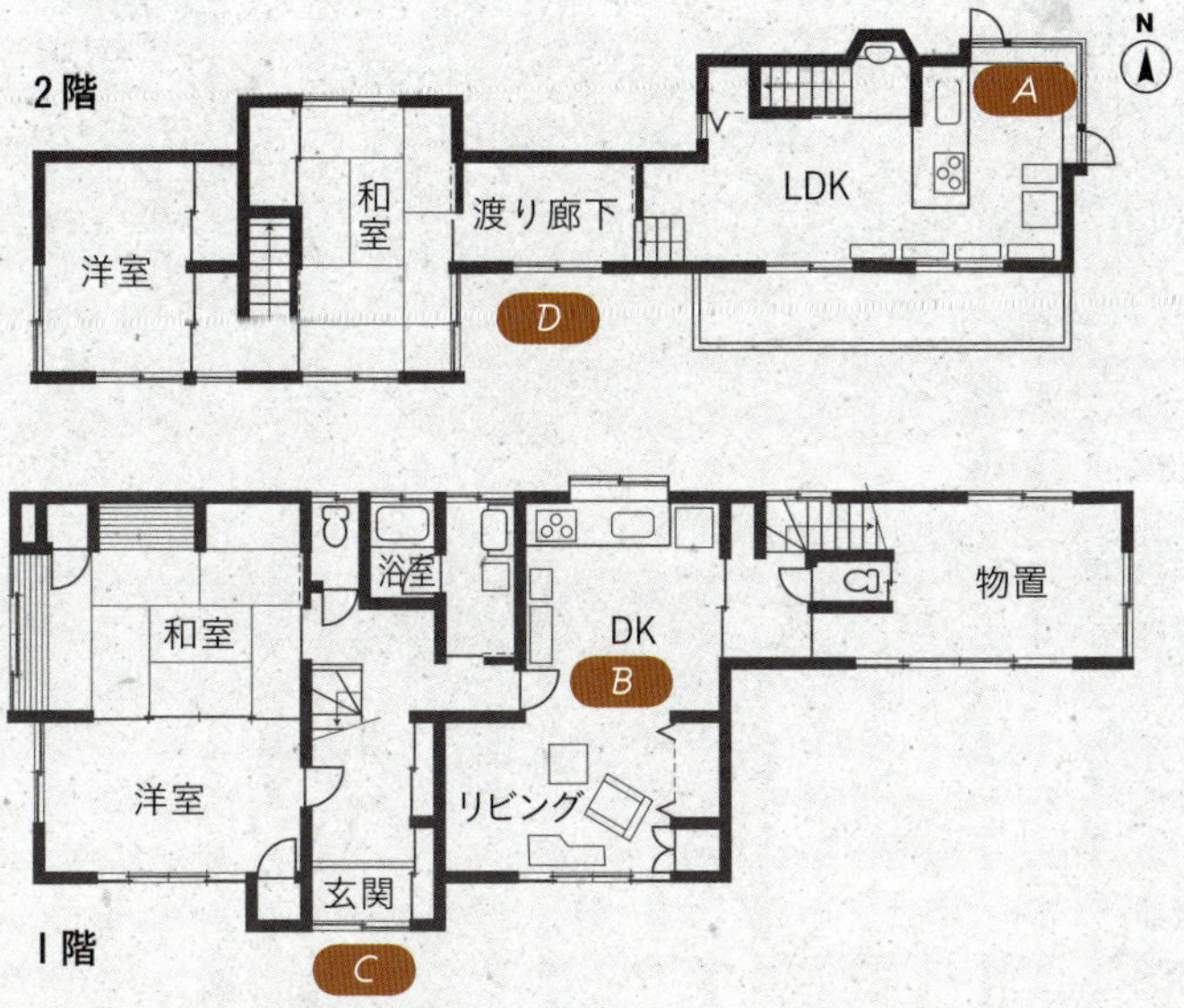

リフォームコンシェルジュ・原川さんのコメント

1階は段差の多いつくりでしたが、お母さんのことを考え、すべてバリアフリーに。打ち合わせを重ねながら工事を進めることで、とても住みよい家になったと喜んでいただきました。

D

幅の広い渡り廊下を増築

母屋上の和室とは、LDKから数段上がった渡り廊下でつないだ。廊下の壁面は収納に使用。居室ではないので階下への音も気にならない

間取りと改築のポイント

A BEFORE →

2階に設けた子世帯のLDKは窓を大きくとって明るく

元からあった和室のL字形の窓が、キッチンの背後に。間仕切り壁がなくなったので、窓を増やさなくても、LDK全体が明るくなった

B

母のリビングはダイニングと一体化させて

畳が傷んでいた和室を、ダイニングとひと続きの洋間リビングに変更。室内全体が明るくなった。子世帯の通路になるので、会話も自然と増える

C BEFORE →

玄関扉などは短時間で交換可能なタイプを活用

色あせし、ひずみも出ていた玄関扉は、枠をかぶせることで1日で取り替えられるタイプの採風ドアに。サッシも同様のカバー工法を採用

間取りの考え方と改善ポイント

住まいを使いやすく快適にするなら、部屋の配置を変えるのが早道。
間取りを見直すさいに、考えておきたいポイントを挙げてみました。

間取り変更を検討する場合、まず考慮すべきことは？

リフォームを検討するさいに、心得ておきたいのは、〝いま困っていること〟だけにとらわれないこと。たとえば悩みの3大要因である〝寒い〟〝暗い〟〝狭い〟は、じつはリフォームに踏み切るための引き金にすぎません。その向こうには、おぼろげではあっても、こうありたいという理想的な暮らしの姿があるはず。「欠点の解消＝理想の暮らし」になるとは限らないのです。

間取り変更を考えるなら、最終的にどういう暮らしをしたいのかを、大きな目的に据えましょう。長く快適に暮らすためのリフォームです。最低でも10年先を思い描きたいもの。両親を介護する、子どもたちが独立する、子どもが結婚して家族が増える……、さまざまなケースが考えられます。リフォームは、家族と家のこれからをみんなで考えるいい機会です。そのうえで、どういう間取りにしておけば、将来的に住みやすく快適かを想像してみましょう。

漠然とした内容でよいのです。10年、20年後の理想をプランナーや建築家に伝えれば、プロならではの提案をしてくれます。自分たちで緻密なプランまで考えて依頼すると、場合によっては施工が難しく、無駄な費用がかかる結果になりかねません。

間取り変更にもメリットとデメリットがある？

リフォームで屋内の間取りを変えれば、家の形や外観は同じままでも、空間の機能や雰囲気、生活動線は大きく変えられます。

外からの見た目は純和風のまま、内部はきわめて現代的な洋風住宅のように変えることも可能です。建て替えせずとも、憧れの暮らし方に近づけられるのは、いちばんの利点といえるでしょう。一方で、失うものもあることを忘れてはなりません。

南側の日当たりのいい座敷をLDKにすれば、そこは家族や友人とのカジュアルなスペースになり、お客様を正式にもてなす場ではなくなります。和室を洋間にすれば、家具を揃えなければなりませんし、どこでもゴロゴロと寝転がってくつろぐ楽しみは失われるでしょう。せっかくソファを置いても、床に座って背もたれ代わりにしている家は珍しくありません。また、昔の家の土間や納戸は、なんでもとりあえず置いておける便利な場所ですが、洋風のクローゼットやパントリーは、なにを置くかが限定されます。

単に憧れやイメージだけで決めず、先々の暮らしを考えて、変えるものと残すものをしっかりと選択したいものです。

増築するか減築するか。その見極めは？

改築のさいに、以前は増築する家が多かったのですが、最近では減築を選ぶケースが確実に増えています。

とくに多いのが、子ども部屋が不要というケース。子どもに個室を持たせるようになったのは、昭和30年代頃からです。歴史のある古い民家でも、1階脇や2階に子ども部屋を増築する家が増えました。増築部分に新建材を使って、元の建物の雰囲気と合わなくなっていることも往々にしてあり、子どもたちが独立したあとは物置になっています。減築はこうした増築部分を撤去し、シンプルな家に戻すというものです。

かつては大家族で暮らし、親戚や地元の人が集まることの多かった家などでは、今は使わない和室が何室もあることも。暮らす人の数が減り、この先も増える可能性がないなら、ダウンサイジングしたほうが、管理の手間や、光熱費の無駄も省けます。

不要な機能をなくすのも減築です。使っていない2階をなくして、動線のいい平屋にしたり、広すぎる玄関間を小さくしたり。近所のスポーツクラブや温泉施設に毎日通っているから、浴室は撤去したというケースもあります。

では、増築を考えたほうがいいのはどんな家でしょう。

答えは簡単。現在、住む人が増え、これからも増えると予測されるケースです。子どもが結婚して家に戻り、そのまた子らが今後も一緒に暮らしていくとなったら、手狭になることもあるでしょう。2世帯住宅にするため、キッチンや浴室などの水まわりを増やす家もあります。

増築せずに、屋内の無駄になっているスペースをあてられないか、将来的にほんとうに必要かをじゅうぶんに考えてから決断しましょう。

建物の構造上、間取りが変更できない部分はありますか？

結論から言うと、ありません。建築法規的に問題がないか、またどれだけコストをかけられるか次第です。

間取りを変えるには、既存の間仕切り壁を撤去し、必要に応じて別の場所に壁をつくるわけですが、それがやりやすいかどうかは、もともとの柱の位置や、それにともなう耐震性の判断によります。屋内には、取り去っても影響のない壁と、なくしたら建物の強度として危険を伴う壁があります。後者の場合は、別の場所に新しく柱や耐力壁をつくって補わなければなりません。その分費用もかかるけれども、不可能ではない、ということです。

建物を支える要である大黒柱も、新しい間取りにするためにどかしたいなら、切って取り去り、ほかの方法で補うこともできます。

ただし、それをするだけのメリットがあり、かつ費用も時間もかけられるならの話。単に目ざわりというだけで、長年建物を支えてきたたいせつな柱や壁をなくすのはおすすめできません。上手に生かして、住みやすい間取りにするほうが賢いやり方ではないでしょうか。

右奥の柱は、2階を新しく作ったため、補強も兼ねて移動したもの（p.109）

元からあった壁を、耐力壁として残している例（p.31）

水まわりの位置を変えるには、制約はありますか？

キッチン、浴室、洗面、トイレなどの水まわりに必要になるのは、給排水と排気性能、火を使う場所なら防火の性能です。

水は高いところから低いところへと流れます。屋内の排水は、外にある排水マスに集まり、下水本管に流れるようになっています。そこでまずたいせつなのが排水の配管ルートの取り方。排水管は、水勾配と呼ばれるわずかな勾配をつけて流れやすくしなければなりません。水まわり設備を、そのルートが取りにくい場所に持っていくと、やはり手間や費用がかかります。

浴室やトイレは窓に面していれば換気に悩むことはありませんが、キッチンでは排気用ダクトのルートを考えることも必要です。

こうした条件から考えると、屋内の中心部にキッチンを配置するケースなどは、排水、排気ともルートの取りにくい間取りといえます。

また、水まわりの施工には、水や火に強い仕上げが求められます。配置に制約はありませんが、給排水管や排気のルートの長さ、仕上げの手間などを考えると、格別に理由がない限り、水まわりはできるだけ近くにまとめたほうがコスト減になります。

和室を洋間に変えるには、どういう方法がありますか？

畳敷きの和室を、フローリングや敷き込みカーペットの洋間に変えたいという希望は、とても多いものです。既存の和室をそのまま洋間に変更するのは簡単。畳を外し、下地をつくって、希望の床材を張ればいいだけです。

和風の壁にはクロスを張り、竿縁などの天井も張り替えれば、部屋の印象はガラリと変わります。押し入れは、棚板やハンガー用ポールなどをつけ、襖を折れ戸や引き戸に変えれば、クローゼットに変身します。出入り口は、間取りにもよりますが、大開口の襖のままでは困るなら、間仕切り壁をつくり、ドアや廊下などを新しく設置する必要があるかもしれません。

しかし、畳の部屋には、ゴロンと寝転がれる、家具がいらないなど、それ相応のよさもあります。たとえばリビングや客間などは、縁なし畳に替え、襖も縁なしの白無地にしたり、縁をペイントしたりすれば、ほかの洋風の空間ともしっくりなじみます。クラシックな柄の壁紙などを張れば、和洋折衷の独特の雰囲気も楽しめそうです。

和室を洋室に変え、おしゃれな絨毯を敷いたリビングに（p.77）

部屋の隅にだけ入れたフローリングに縁なし畳が調和（p.99）

床や壁は、リフォーム後も元どおりの仕上げにできますか？

古い家には、建てた当時ならではの素材や、今では手に入らないような良材も数多く使われています。柱や梁などの構造材はできるだけ生かすにしても、床、壁などの化粧材は、リフォーム後も復元できるのでしょうか。

これも、手間とコストをどれだけかけられるか次第です。

床、壁、棚、鴨居や敷居、あるいは床の間などの造作は、解体して間取り変更する場合でも、希望すれば、たいせつに手作業で取り外し、元の場所に復元したり、別の場所に生かしたりできます。その分、リフォーム内容にある程度の制約が出るのはいたしかたないことでしょう。

土壁、漆喰壁などは、以前と同じ仕上げで新しくつくることはできます。しかし、いったん壊した壁の土や漆喰を再利用するのはほぼ不可能。壁を壊さずに、工事をするのも無理です。同じ素材を使えればよいのですが、格式の高い和室や茶室の壁に使われていた聚楽土《じゅらくつち》などは、現在では入手すること自体が困難。元の雰囲気にしたいなら、似たもので代用するしかありません。

もともとあった欄間を丁寧に取り外して設置（p.86）

壁の再利用は難しいが、新しくつくる楽しみもある。写真は漆喰（p.88）

収納部などを造作家具にするかどうかで、考えておきたい点は？

造作家具とは、既製の置き家具ではなくて、家に合わせて制作するつくり付けの家具のこと。たいていは家の工事と同時に大工が作ります。

利点は、自分が望むインテリアに合ったデザインにできるという点です。屋内の収納計画がはっきりしていれば、過不足のない設計にできるでしょう。収納家具を置かなくてすむので、空間は広々とし、すっきりとした印象になります。

デメリットは、コストが高くなるという点。たとえばキッチンや洗面台まわりなどは、各メーカーから便利な収納システムが数多く出ています。造作で同様の便利さを求めるのは難しく、費用もかかります。

また、現在の持ち物にぴったり合わせた収納を造作すると、やがて使いにくくなることも考えられます。

家電製品を買い換えたら元の場所に納まらない、子ども用の小さなクローゼットでは、成長すると服が入りきらない……などのケースも。将来、家族のライフスタイルがどうなるかを予測したうえでの設計を考えたいものです。

敷居を兼ねた収納はこれからの子どもの成長に合わせたもの（p.23）

TOTO製のシステムキッチン。サイズが合えばあえて造作でなくても美しい（p.32）

夜の生活シーンを演出する、照明計画のアイデアは？

日本家屋は長い間、部屋の天井中央に光源をつけ、その光で部屋じゅうを照らしていました。今はLEDをはじめ、明るさも多様です。一つの照明で全体を明るくするのでなく、調理をする、食事をとる、テレビを観るなど、場所やシーンに合わせて複数の照明を使い分けては。

間接照明を上手に配置したり、調光機能をつけたりすれば、光の変化が楽しめます。隣室の明かりを半透明の素材の扉で透過させる、壁の上または下に光源を入れる、といった方法も雰囲気アップに役立ちます。

2世帯住宅にする場合に留意すべきところは？

2世帯住宅のあり方には、完全分離、玄関のみ共用、キッチン共用、浴室や洗面も共用などがあります。

リフォーム後に満足度が高いのは、玄関からLDKなどすべて両世帯で分けた完全分離型。生活サイクルが違うなか、互いに気兼ねなく過ごせ、適度に行き来できる関係です。

玄関共用型では、子世帯の帰宅が遅い場合など、親世帯に音や光が伝わらない工夫が必要。来客に対応しやすいよう、インターホンを分けるのもおすすめです。浴室まですべて共用するタイプは、親世帯に介助が必要な場合や、娘一家と暮らす2世帯にはよいでしょう。

生活動線への配慮もたいせつです。トイレが1か所しかなければ、使いやすい位置に増設を。上階に子世帯が住むなら、親世帯の寝室の上に音が響くキッチンや子ども部屋、トイレなどは配置しないようにします。

田の字の間取りを生かしつつ、プライバシー性を高めるには？

田の字の間取りは無駄がなく、行き来も楽という利便性があります。しかしプライバシーが守られず、収納部がほとんどないのが難点。

そこで、単に壁とドアで仕切って個室化するのではなく、たとえば部屋と部屋の間に収納ゾーンを設けてはどうでしょう。視線はさえぎりつつ、田の字のよさは維持できます。

よりプライバシー性を高めたいときは、部屋の襖を引きこみ戸に。閉めると個室になり、開ければ続き間として広く使うこともできます。壁をつくるよりも、建具をうまく使うことで、日本家屋でこその自由度の高い間取りが生かせます。

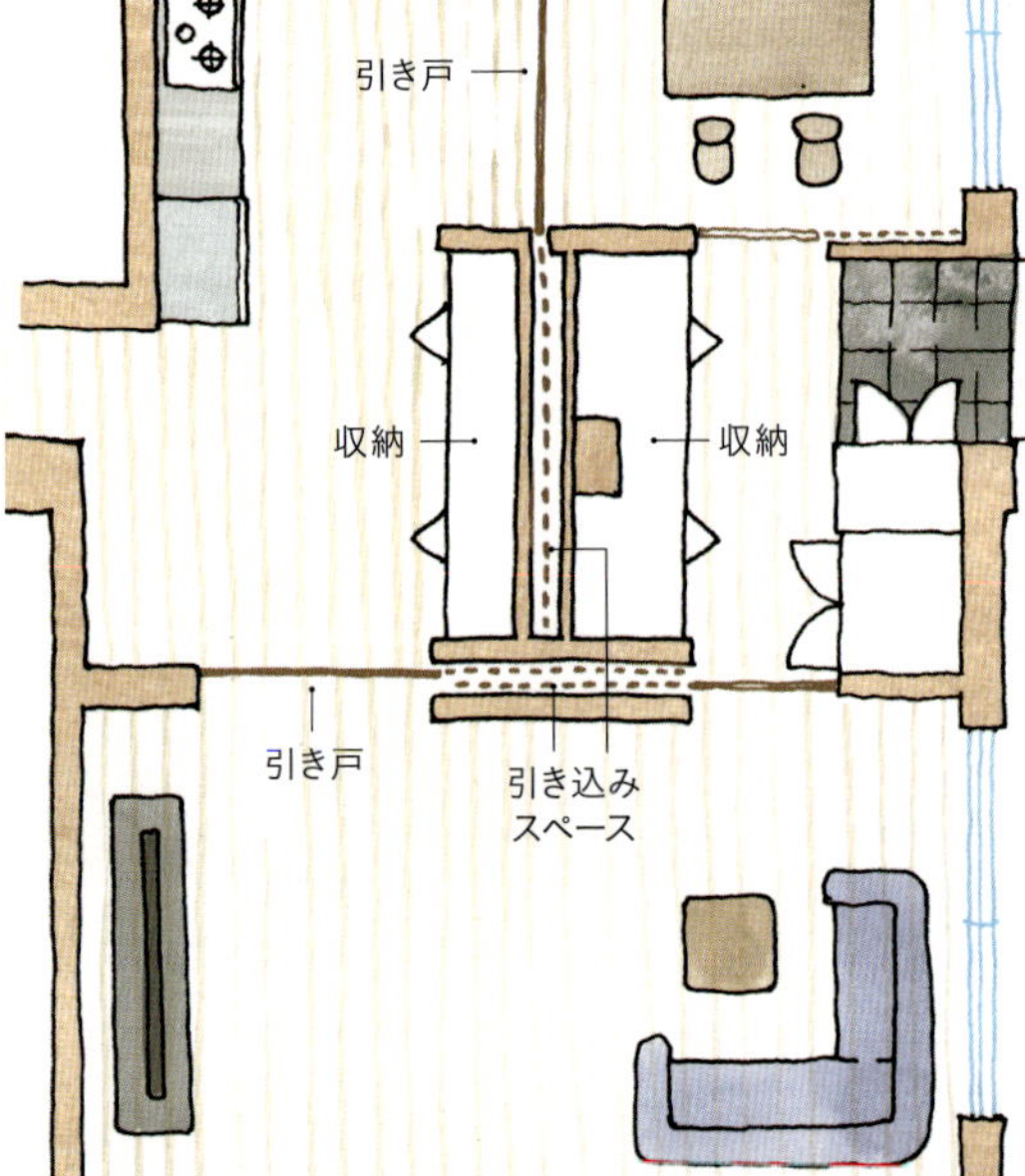

4章

固有の素材を生かした住まい

年月を経た家に眠っている宝。それは蔵や納屋など、敷地内に建つ
母屋とは別の建物であったり、代々伝わる家具であったり、
茅葺や井戸など、歴史につながる固有のものであったりします。
この章では、蔵、納屋、茅屋根、井戸を住まいに取り入れた事例を紹介します。
家を改築するとき、建て替えるとき、
家の歴史をつくり、生かし、有効活用するヒントになりますように。

茨城県 常陸大宮市―K邸

CASE 1

茅葺に憩う家

家のシンボルである茅葺屋根を軒先の一部に残し、昔ながらの民家のつくりを生かしながら、現代風に住みやすく。

どっしりとした厚みのある、茅葺の軒先。茅葺屋根は、葺き替えに費用も人手もかかるが、低い軒先部分だけなら茅手《かやで》たち（茅葺職人）の指導のもと、家族だけでも補修することができる

住まいの敷地は約三・三反歩、周囲の田畑を入れたら一町五反歩ある土地と家を守って一人住まいする、八十八歳のKさん。その広々とした家には、月に幾度も息子夫婦や孫たちが集まります。とくに連休には、六人のひ孫が泊まりに来て、いつも大にぎわい。茅葺の深い軒先や風の通る客間は、かっこうのくつろぎの場になります。

K家は、現在二十九代目という旧家。建物は約三百年前、医者をしていた当主が、水戸光圀《みつくに》公の隠居所「西山荘」をモデルに建てたと伝えられます。けれども全面リフォームに踏み切るまでは、冬はとても寒く、ぬらしたぞうきんが凍るほど。また、かなり前にトイレも壊れ、庭に仮設トイレを置いて使っていました。

広い前庭のあるK邸。夏には、訪れたひ孫たちは茅葺の軒下と、庭に置いたプールを行き来しながら元気に遊ぶ

客間は、中央だけ縁なし畳を使って現代的な雰囲気に。畳の下には、大勢集まるときのための座卓を収納してある

玄関ホールと居間の眺め。美しい柱や梁も、元のまま残した。屋根裏の空間には、横のはしごを使って上がる

玄関正面の壁の一部は、近隣でつくっている「五介和紙」に、屋根に使われていた茅を漉きこんだ光壁にした

食事やくつろぎの場になる居間は、以前は8畳の和室だった。掘りごたつ式なので足が楽。床暖房で冬も暖かい

↑土間奥の板間にあって寒く、使いにくかった台所は、屋内中央部に移動。明るい白のシステムキッチンを入れた。居間と隣接しているので家事の行き来もしやすくなった

Kさんは、毎日畑仕事に精を出す元気なおばあちゃん。嫁いで以来、茅葺き屋根のこの民家に愛着を持って暮らしてきました。しかし、農作業や町内の寄り合いがあるたびに帰っていた長男夫婦は、母を心配し、将来的な同居に向けて話し合いを重ねたといいます。

古さがめだち、不便なので、建て替えも考えましたが、周辺でも数が減ってきた古民家を壊さずに守りたい思いも募ります。そこで、古民家再生を得意とする建築家の大塚正彦さんに依頼することになりました。

工事はまず、建物を柱と屋根だけにしてジャッキで上げ、コンクリートの基礎を打つところから。間取りはほぼ元のままで、それぞれの空間の機能を変えていきました。

以前の台所部分は浴室に変え、寝室にしていた和室は機能的なキッチンに。居間は少し狭くしてKさんの寝室にし、その分、玄関はゆったりと広くとっています。また床暖房を入れた新しい居間と客間は、間の襖を外せば、年に数回行われる寄り合いにもじゅうぶん対応できます。

家の顔となる屋根は金属で覆い、軒先だけに茅葺を残しました。全面が茅葺のままでは十数年ごとに葺き替えなければならず、今では職人も材も不足しています。けれども低い軒部分の手入れだけなら素人でもできます。

「その作業を、K家の一族が集まって、先祖の歴史や家の思い出をたどる行事にしては」というのが大塚さんの提案でした。

分厚い茅は、今は金属板の下で、

右上 居間のポリカーボネート張りの天井の上にある小屋裏は、明るいフリースペースに。**右中** 玄関脇の浴室があった場所には、畑仕事の出入りに使う新しい土間兼勝手口をつくった。**右下** 広々とした玄関は、元のままの土間に。大勢の来客が集まるときにも便利。昔の建具がよく映える。**左** 客間は床を替えた以外は元のままで化粧直し。障子のガラス部から、丹精した庭の緑が望める

断熱材として機能しています。

また、Kさんの嫁入り道具の長持や、刀の鍔《つば》、荷車の車輪など代々の暮らしを伝える小物も、家のあちらこちらに配置されています。

「昔の家の雰囲気はそのままなのに、こんなに便利になるなんて」とKさん。小さな子どものいる孫も「今は時間のあるときに始終来ています。子どもたちが喜ぶし、私ものんびりできるんです」と話します。

ぐんと快適に変わったたいせつな住まいに、みんなの笑顔がこぼれます。

DATA

- 家族構成：80代女性
- 完成年月：2003年8月
- 築年数：約300年
- 敷地面積：3300.00㎡
- 延べ床面積：103.91㎡
- 構造：木造平屋建て
- 設計：正屋デザインシステマ（大塚正彦）

東京都渋谷区神宮前5-39-8

スカーラ神宮前107

TEL 03-5468-5577

http://masaya-ds.co.jp

間取りと改築のポイント

BEFORE

築300年を超える茅葺の家。内部はいつも暗かった。天井が高く、すきま風も通るので冬は非常に寒い。浴室も使いにくい。元のトイレは壊れ、外に工事用仮設トイレを置いて使用。屋根の葺き替えもできなかった

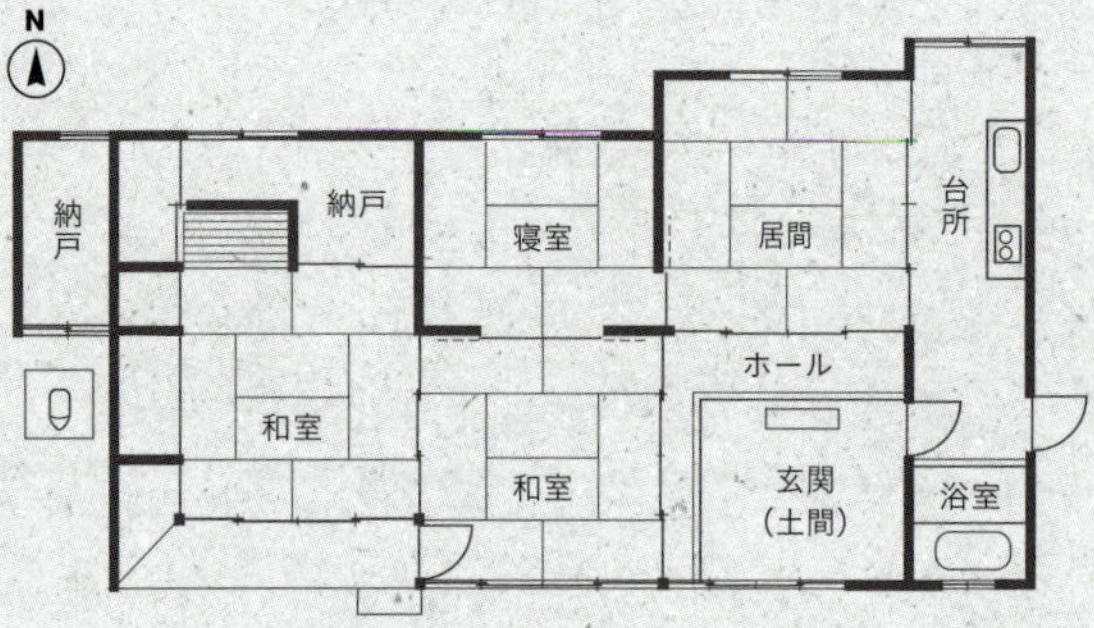

AFTER

キッチンを家の中心に移動。元の台所部分に、バリアフリーの浴室と洗面、トイレを設け、浴室だった場所は壁をRC造にした勝手口にした。玄関ホールを広くとり、奥を洋間の寝室に。居間と2つの客間も整えた

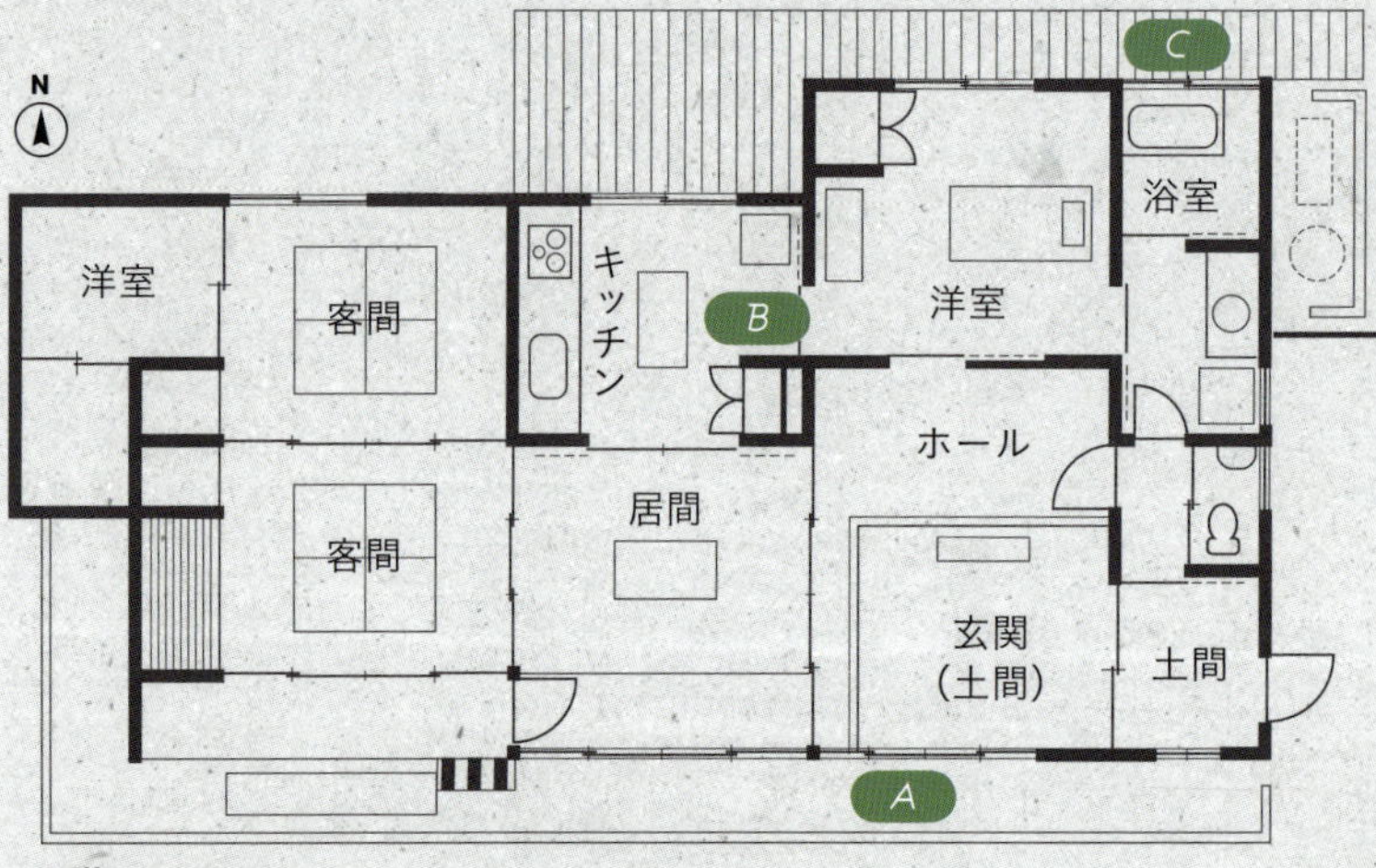

1階

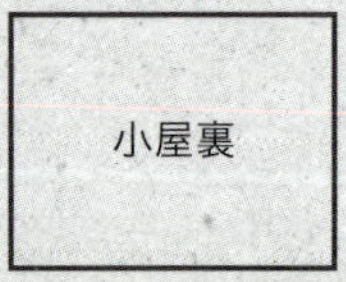

建築家・大塚さんのコメント

施主様は、当初は茅葺を残すことなど希望されず、「冬暖かく夏涼しい」ことだけを望まれていました。ただ、何世代にも広がった子孫たちのルーツとなるK邸の歴史を、生活そのもののなかで感じていけるように、無理なく使えるものを残すことを心がけました。

以前の外観。右の石壁を積んである部分が浴室。洗濯機置き場は屋内になく、外に置いて使っていた

小屋裏の天窓で1階まで明るく！

居間は、半透明で厚いポリカーボネートパネルを張った格天井《ごうてんじょう》にした。煙出しを天窓に変え、光は小屋裏の床を透して1階に落ちる

今では貴重な屋根の茅を効果的に残す

傷んでいた茅葺屋根は、金属で覆い、きれいに葺き替えた軒先部分だけ見せるデザインにした。下から見上げる景色は昔のまま。古い茅は光壁（p.99）や床の間のほか、太鼓張りにした襖の紙にも漉きこんだ。引き手は家に残る刀の鍔《つば》を利用

古民家の風情を壊さないもので使い勝手をよく

上 浴槽が高くて使いにくかった浴室は、車椅子でも入れ、腰掛けられるつくりに。ヒバの壁と浴槽が和の雰囲気。**右下** 玄関の土間から床は60cmと高いので、沓《くつ》脱ぎ石を置いて楽に

年季の入った品々をそこここに生かして

上 キッチンの広い調理台には、Kさんの嫁入り道具だった長持を活用。**右下** 千本格子が美しい建具は、屋内のあちこちに活用。ここにも刀の鍔を使った引き手をつけている。**左下** 新しい土間のコンクリート壁は、先代が家の補修用に植えた杉で板目をつけた。窓も再利用したもの

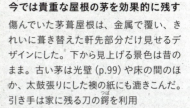

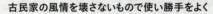

香川県高松市―春日邸

CASE 2

納屋を生かした家

隣接する農機具置き場の納屋と母屋をひと続きに。
天井の高さを生かして、夫婦の寝室、書斎、憩いの空間を。

上 母屋のリビングは、物置だったところ。あえて梁を見せている。テレビを観るときなど、ふだんは3世代でここに集まる。奥は縁なし畳を入れた和室にした。左 左が母屋、右が納屋。間にあった土間の通路は、廊下にした

曾祖父の代に建てられ、母屋は築百年以上になるという春日さん宅。リフォーム前は、この母屋に両親と春日さん夫婦、二人の子どもの六人で暮らしていました。

長男が高校生、長女も中学生になり、そろそろ個室を持たせたい時期。「けれども、二部屋を子ども部屋にするとどうしても手狭になり、夫婦の寝室を確保できなくなったため、リフォームを決断しました」と、夫の隆さん。

そこで目をつけたのが、母屋に隣接する納屋でした。半分がトラクターなどの農機具置き場、奥だけが部屋として使われていた建物は、つくりもしっかりしています。ここに夫婦の新しい寝室や、友人と過ごせる客間をつくれたらと考えたのです。

がっしりと組まれていた納屋の屋台骨。この丈夫な構造を生かして、中2階をつくり足し、居住空間に変えることにした

納屋につくった客間は、高い天井を生かした吹き抜け。フローリングには、古いウイスキー樽の木材を使った。素足で歩いても気持ちいい

システムキッチンは茶色で、モダンな雰囲気に。リビングとの行き来も楽な間取り。窓も増やして明るい

納屋につくったダイニングキッチン。ふだんは母屋のキッチンを使い、ここは来客のときなどに使用している

DATA

- 家族構成：6人（70代夫婦、50代夫婦、子ども2人）
- 完成年月：2007年3月
- 築年数：母屋約100年、納屋44年
- 敷地面積：約800㎡
- 延べ床面積：約290㎡
- 構造：木造
- 設計・管理：JA香川県農住課
  香川県高松市一宮町字刷塚1431-1
  TEL 087-818-4192　FAX 087-818-4199
  http://www.jahome-kw.jp/
- 施工：新居建設㈱

奥さまのみどりさんにも希望がありました。田の字形で動線の悪い母屋の間取りも、同時に見直したいということです。おおよそのプランを決め、さっそく設計を依頼したところ、プラン担当者は「この納屋は、天井が高くて立派な構造。平屋のまま改築するのは惜しい」と提案。

そこで、一階は客間やダイニングキッチンにし、中二階を設けて、そこに寝室や夫婦それぞれの書斎をつくることに。納屋と母屋が楽に行き来できるよう、二棟の間の土間は廊下に変えました。一方、母屋も物置だった場所に家族が集まる広いリビングを設けました。工事の過程で白アリの被害がわかった母屋の南側には、動線を考えて廊下を新設。大がかりなリフォームになりましたが、「できばえにはとても満足しています」と隆さん。

納屋の客間は第二のリビングとして、家族でくつろいだり、音楽を楽しんだり。念願の書斎では、静かに読書や仕事、趣味の時間にひたれます。新しいダイニングキッチンでは、来客をもてなすこともしばしばです。

みどりさんも「母屋と納屋をつなげたことで、両方の一階がひと続きのような開放感が生まれました。納屋側の扉を開け放っておけば、母屋の両親や子どもたちの気配が、すぐそこに感じられます」と話します。

いっさい増築することなしに、ぐんと広くなった住まいでの暮らし心地は、まさに上々です。

隆さんの趣味のギターも、この書斎なら気兼ねなく楽しめる。客間にはオーディオなども揃えている

客間の吹き抜け壁面には、収納量たっぷりの本棚をリクエスト。高い壁面のため、専用の脚立で出し入れする

右 納屋の上階に続く階段は、無垢のパイン材と白い壁で明るく。途中の踊り場を右に入ると、寝室と奥さまのみどりさんの書斎、上に隆さんの書斎がある。
左 寝室は2面に大きな窓を設け、開放感もいっぱいに。木の床も心地いい

右 みどりさんが趣味や読書などを楽しむ書斎。寝室横にあり、最初はクローゼットにする計画だったが、狭くても個室にして大正解。
左 隆さんの書斎は、天井は低いが、窓が多くて明るい。壁面に造作したカウンター収納兼本棚には、蔵書もすっかり収納できた

間取りと改築のポイント

BEFORE

和室だけで構成されていた母屋に両親、北側の増築部分に、隆さん夫婦と子どもたちが住んでいたが、手狭になり、納屋に目をつけた。建物は広いが、母屋は物置スペースが多く、有効活用できていなかった

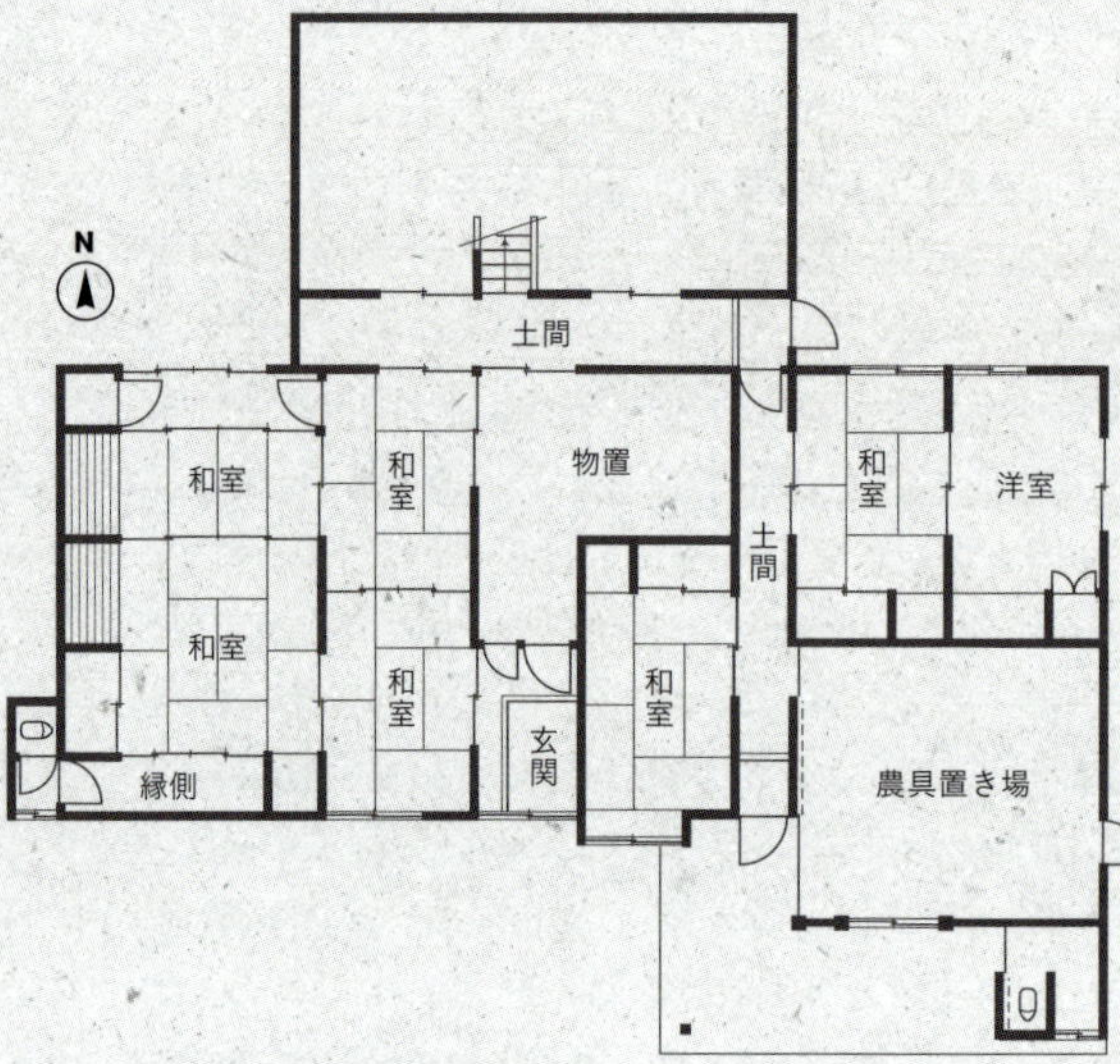

リフォーム前の母屋玄関。長年住む間に、幾度も増改築を重ねてきたため、玄関の雰囲気も損なわれていた

AFTER

農具置き場と使っていない部屋があった平屋の納屋に、中2階をつくって、客間や来客時のDK、夫婦の寝室などを新設。母屋側は、物置スペースを生かして広いホールとリビングを設けた。納屋との間にあった土間は内廊下に変えた

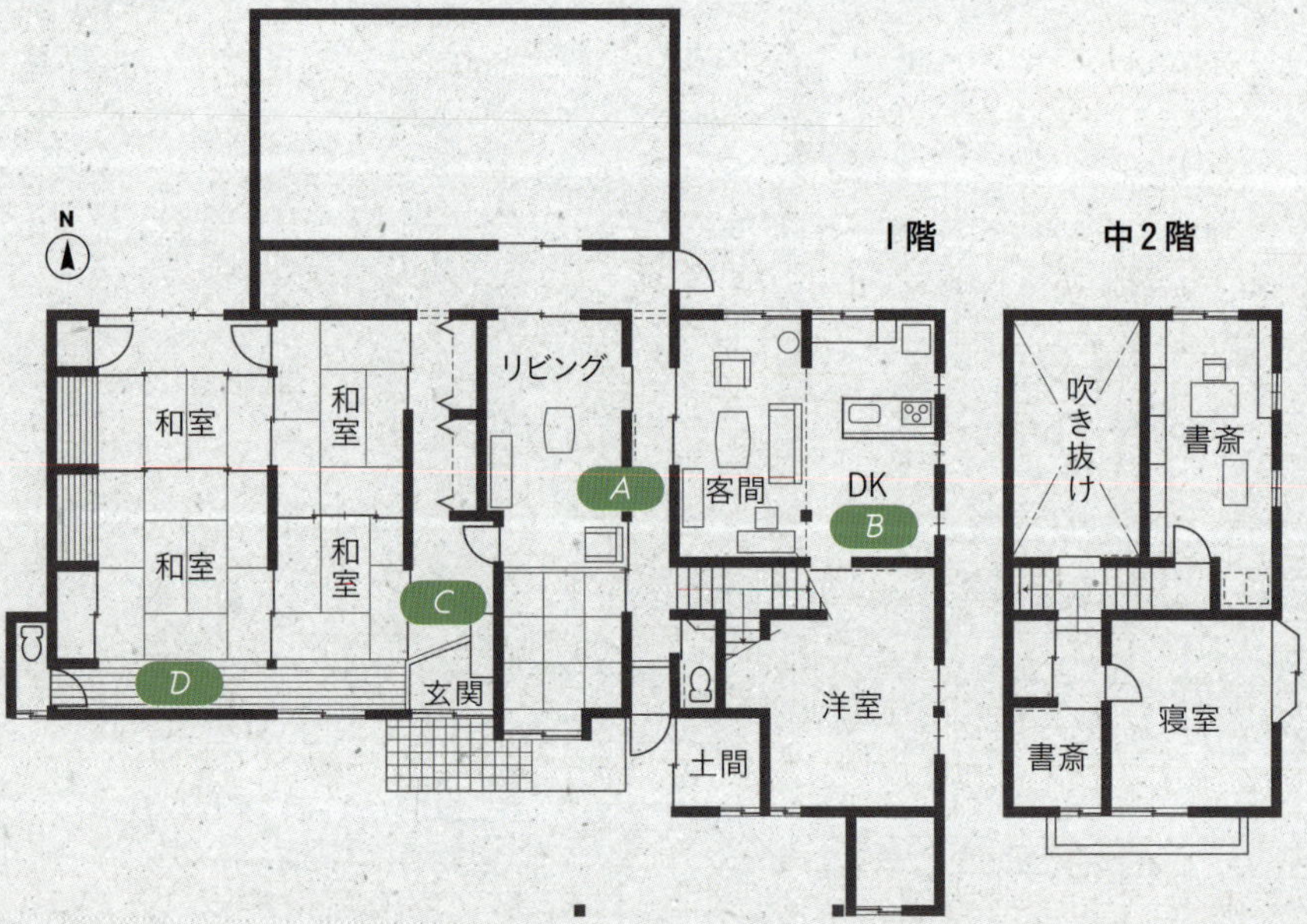

母屋の新しい玄関は、ポーチやひさしをつけて、100年の歴史のある民家らしい格調を取り戻した。農具はリフォームを機に別の場所に移動

納屋と母屋とは
廊下でつないで一体感を

納屋と母屋の間には廊下をつけ、リビングと客間それぞれに引き戸を設けることで、続き間感覚で行き来できるようにした。引き戸を開けておけば、互いの姿も見える。床の高さが同じになるよう、納屋側は基礎からつくり直した

母屋の玄関には大きな靴箱とホールを

狭かった玄関は、上がり口を斜めに切って広さを出し、ゆったりとしたホールに。大きな靴箱もつけたことで、家族の履き物もすっきりと収まった

D

母屋の南側には廊下を新設

母屋左側の南に面した和室2間が祖父母の居室。縁側部分は、工事のさいに老朽化が判明したため、基礎を整え、和室の一部を削り、玄関ホールから続く長い廊下に。屋内の動線が格段によくなった

既存の柱や梁を生かしたデザインに

納屋の農具置き場にあった柱は、良材なので中2階をつくるさいに再利用。客間とダイニングの間に立て、上階を支えるのに一役買っている。また、吹き抜け天井には梁を見せ、明かり取りには古民家らしさを出す障子を入れた。暖気をめぐらすファンも設置

CASE 3

井戸が息づく家

江戸時代につくられた井戸を復活させ、水神様と旧家屋の記憶を今に。
屋内はフローリングを基本にした、段差のない安全設計。

福岡県 北九州市 ─ O邸

Oさん宅に入ると、広々とした玄関に柵で囲んだ丸いものがあります。塩と水をお供えした木蓋の下は、なんと井戸。その水は、江戸時代にこの家が造酒屋をしていたときから、絶えることなく湧き続けています。

幕末に建て替えて以来、百六十年の歴史を持つ住まいをリフォームしたOさん母娘。その大きなきっかけのひとつは、井戸の復活でした。

母の冨貴子さんが、ご主人の両親と同居し始めたのは三十年ほど前。やがて夫婦二人になり、娘のさゆりさんも家族とともに近所へ。ところがご主人が突然亡くなり、家は冨貴子さん一人に。暗く古い家を、脚の悪い母だけで守るのは難しい……。そう思ったさゆりさんは、同居に向けたリフォームを決意しました。

4室とトイレ、洗面所があった場所をLDKに。オープンなキッチンと、ダイニングテーブルは横並びに配置。別棟に住むさゆりさんの家族も、毎晩ここに集まって食事をとっている

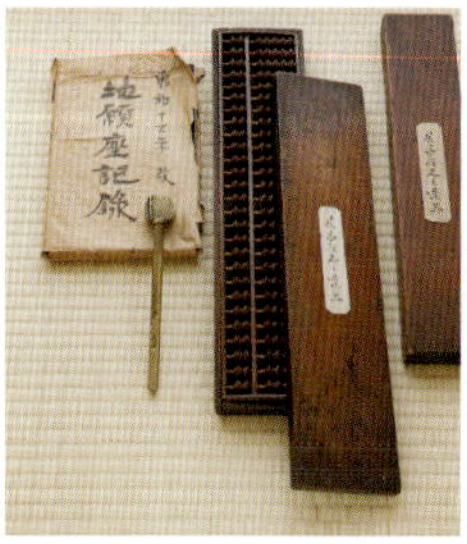

先祖が残してくれた文書やそろばん、矢立なども、たいせつに保管。家の歴史として、次の世代に伝えていく

広い玄関の中心に、水神様を祀る井戸。屋根にはガラス瓦を使ったので、室内も明るい。右手に家族やお客様が集まるリビング、左手には個室や浴室を配置している

木蓋を外した井戸。井戸水はポンプで汲み上げている。酒造に使っていただけに、水はおいしい。浴室とキッチンにも引いている

2間の座敷は畳や壁だけ新しくし、代々伝わる刀や陣笠、家系図などを飾った。マツに鶴や帆かけ舟を配置した書院の障子も見事

リビングだけは梁を見せ、フローリングには展示場で暖かさを実感した無垢材を使った。大きなソファもゆったり置ける

以前は浴室を前にしていて暗かったDK。場所を変え、明るく開放的なつくりになった。家事を楽にする椅子も置いている

リビングのコーナーには、腰を掛けるにも便利な小上がりを設けた。ここは冨貴子さんの格別のお気に入り。さゆりさんもちょっと寝転んで休むのに使う

左 浴室と脱衣場は、廊下からの段差のないバリアフリー設計。入り口はどちらも引き戸なので、車椅子を使うことになってもスムーズに入れる。広い脱衣場にはベンチも。**右** 浴室の外側には、白い砂利を敷いて石や水鉢を置いた坪庭をつくった。入浴しながら窓から見て楽しめる

以前の家は何度かの改装を経て、かつての土間部分は台所になっていました。床下には井戸があり、常にその上を歩いている状態。

「これでは水神様に申し訳ない」と思っていた冨貴子さん。そこで、井戸を再び表に出し、しかも人にも環境にもやさしい家にしたいというのが大きな願いでした。

また、外観は和風のまま残して、屋内は明るく、暮らしやすい家にすることも母娘の希望。収納量やリビングの広さなど、依頼したリフォーム会社に伝えた要望は、二十項目にも及んだといいます。

工事は、客間として使用する座敷を除き、すべての部分が対象になりました。基本はバリアフリーの洋室化。玄関を境に、右手が生活スペース、左手が母と娘の個室や浴室など、プライベートの空間を配置した設計です。かつて和室や板の間、洗面、トイレなどがあった場所は、広いLDKに変身しました。

台所だった場所は、スロープのある明るい玄関に生まれ変わりました。中心には、たいせつな井戸をインテリアに合うよう配置。今では毎朝、水神様にお参りするのが母娘の日課です。

「おいしく清らかな水の湧く、癒しの空間になりました。水神様も喜んでくださるはず」と冨貴子さん。

O家では、江戸時代から続く氏神様の祭りも毎年、欠かさず続けています。数多くの古文書や道具類も次代に伝えていかなければなりません。

「古いまま残すのではなく、手を加えて快適に住み続けることがだいじだと思います。現代の暮らしに合わせながら、この家の歴史を守ります」

東京に暮らす孫たちが家を継ぐ日のためにも……と話す冨貴子さん。母娘共通の思いが、新しくなった家を満たします。

DATA

- 家族構成：2人
- 完成年月：2010年8月
- 築年数：160年
- 延べ床面積：221.77㎡
- 構造：木造2階建て
- 設計・施工：住友林業ホームテック

0120-5-46109

http://www.sumirin-ht.co.jp

間取りと改築のポイント

BEFORE

もともとは造酒屋だったため、働き手が行き交う広い土間があった。40年あまり前、土間の一部を板間のDKに。井戸も床下になった。他の部屋は、洋間に変えたりもしていたが、基本的に個室のない和の造り

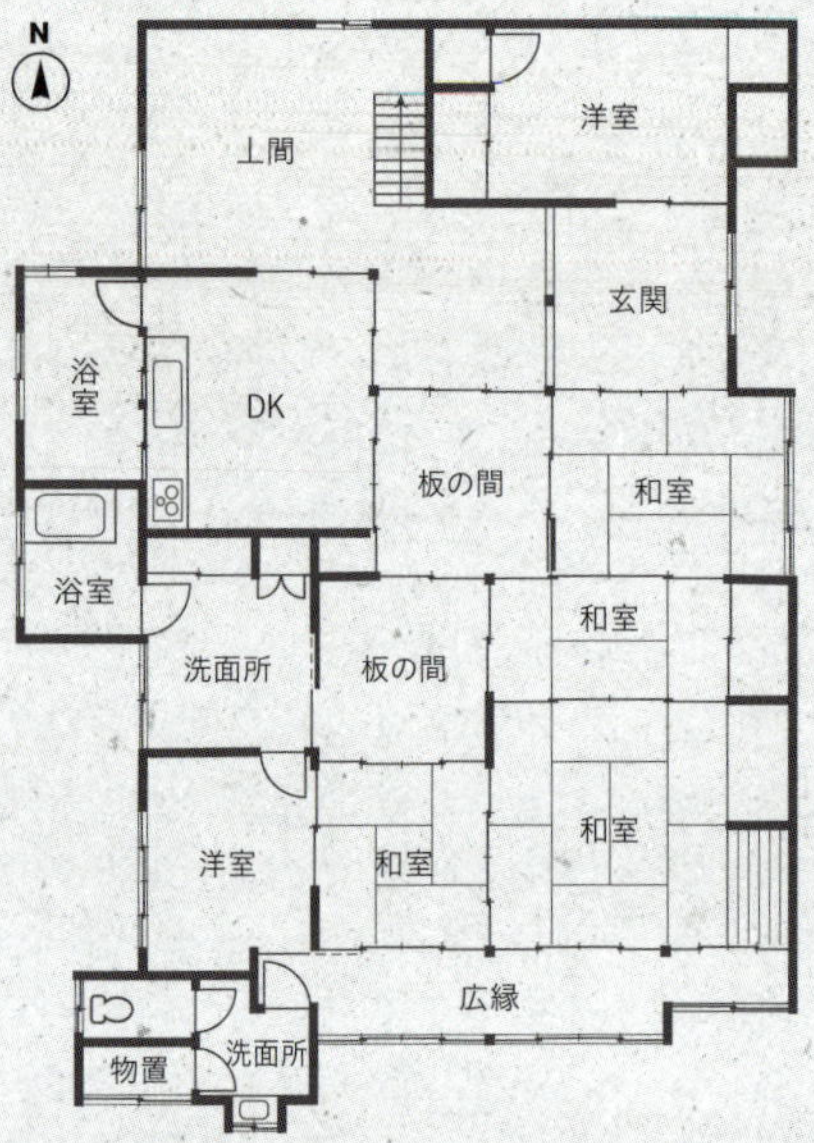

AFTER

DKをなくし、井戸を現わにした玄関に。土間や元の玄関も、個室や浴室を配したプライベートスペースにした。家の南側は共用スペースに。4室分を使った広いLDKをつくり、和室2室は残した

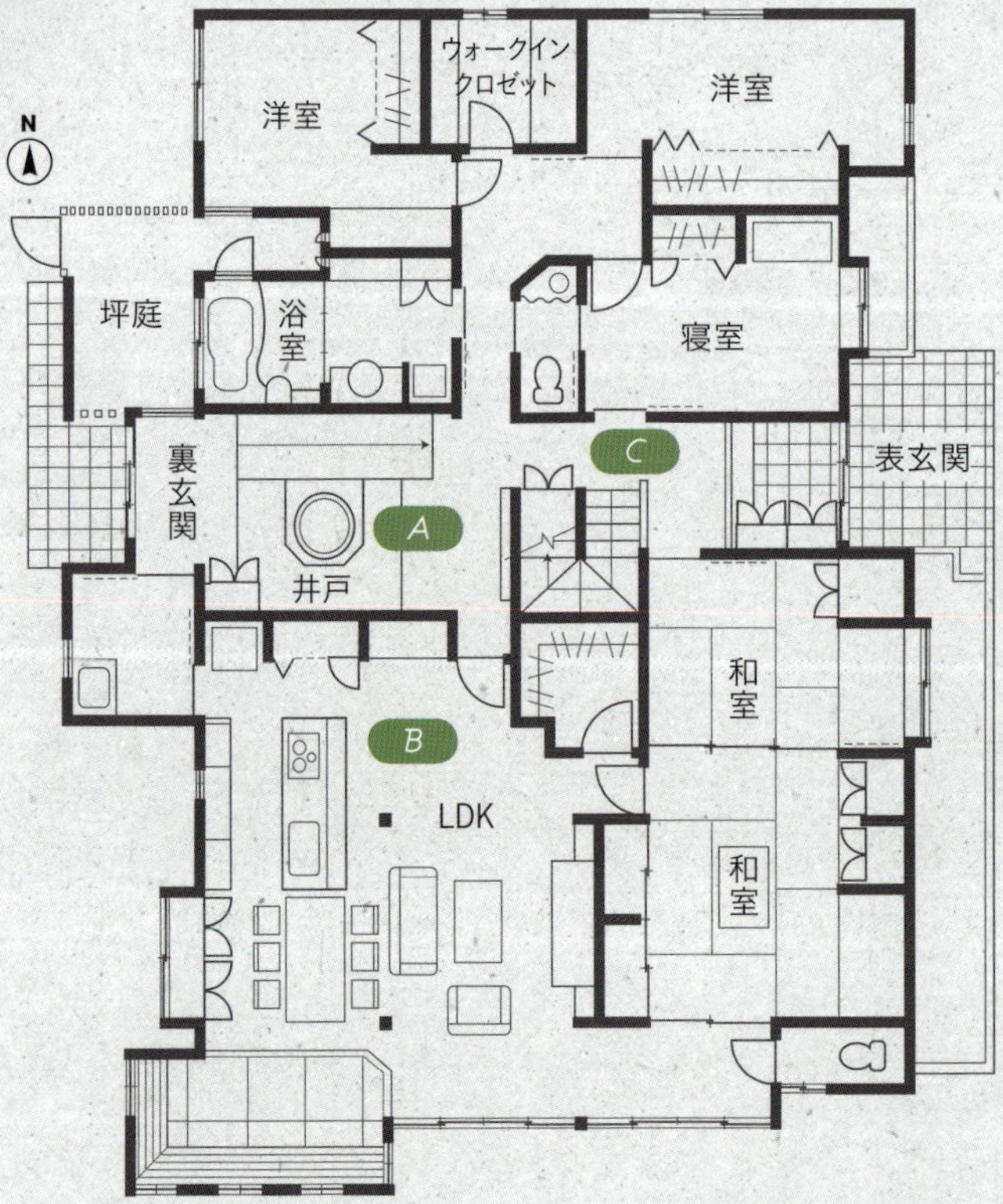

住友林業ホームテック・村松龍治さんのコメント
井戸を中心に、東西に玄関、北にプライベート空間、南にパブリック空間とすることで、明快なゾーニングを計画。また、旧家には少ない収納を随所に設けるように心がけました。

新しくつくった玄関は、和風の外観と違和感のないデザイン。数年前に葺き替えた屋根も生かした。瓦の見事な門や塀は元の姿のまま

ソーラーパネルで電気代を節約

環境にやさしい家を考慮し、屋根にはソーラーパネルを設置して、オール電化に。窓や壁の気密性も増し、暖房費はぐんと減った

C

将来を見越したバリアフリー設計に

玄関にはスロープと手すりを設置。井戸にも囲いを兼ねた手すりをつけている。車椅子での移動を考えてのことだが、大きな荷物などを運ぶ際にも便利

トイレと浴室は向かい合わせに配置し、どちらも引き戸。将来的に介護が必要になった場合も、移動が楽。トイレ奥には冨貴子さんの個室への扉もある

2階はリフォームしていないが、土間にあった階段を屋内中央に移動し、手すりをつけた。古い品などを保管している上階への行き来も格段に楽に

A

井戸を違和感なく室内になじませる

裏玄関を入るとすぐに目にする井戸。周囲に白砂利を敷き、木蓋の上にはグリーンを配置して、たいせつに祀りながらも坪庭のような風情に

B

たっぷりの収納を設けて機能性アップ

オープンなキッチンは、リビング側も全面が収納部。冨貴子さんが趣味で集めた食器も、たっぷりと入る。閉めておけば、収納とはわからない

リビングの小上がりの下も、じつは大容量の収納。来客用座布団や、季節用品などをしまえる

CASE 4

蔵の家

温度差の少ない蔵を生かして、新たな生活空間に。あえて間取りや壁を斜めにすることで、広がりを持たせた住まい。

大阪府―N邸

蔵に住む――。昔の人が聞いたら大いに驚くかもしれません。分厚い土壁は音をさえぎり、小さな窓からわずかな光が差し込むだけ。そんな土蔵を、暮らしの空間として改修したのがNさん宅です。

「最初から蔵に住もうと考えたわけではないんです。できるだけ母屋の古材や建具を生かして、自宅をリフォームしたいと思っていました」

Nさんは、退職を機に、家族の将来に備えて、古いつくりだった住まいの減築とバリアフリー化を計画。高齢の母のことも考え、引っ越しせずに生活しながらリフォームが可能で、しかも今ある母屋や古材をなるべく残せる建築方法を探していたところ、ようやく出会えたのが、建築家の長田直之さんでした。

右上 土蔵の外壁は漆喰を塗り直し、窓は通風のためそのまま残した。土蔵ならではの小さな窓は、内部の温度も安定させる。右下 アプローチにはたっぷりとした藤棚をつくった。蔓が伸びれば、よい日陰になる。下 蔵の中に新しくつくった家族のリビング。内壁は板張りにしている。冬は薪ストーブ1台で、2階までじゅうぶんに暖かい

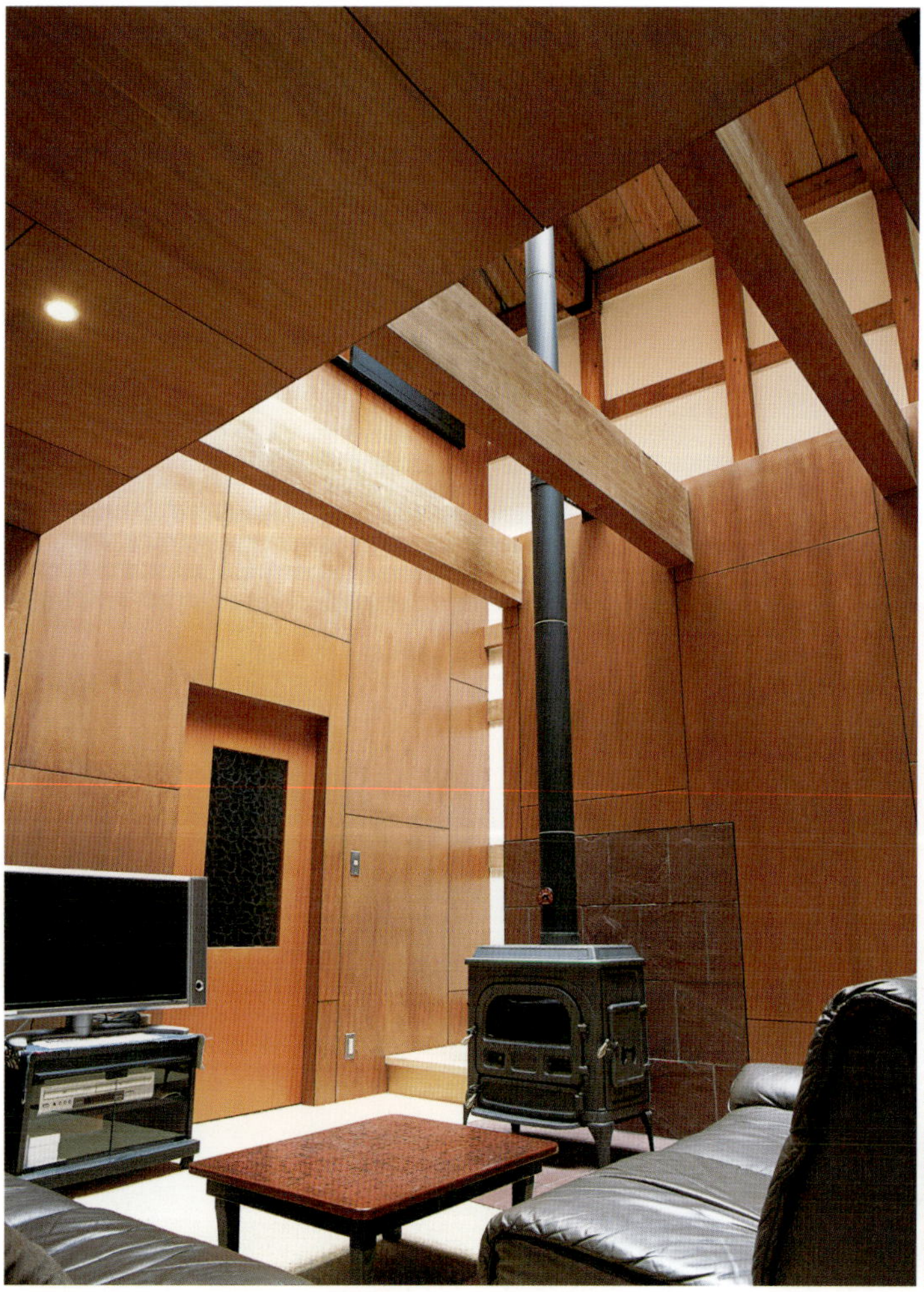

ダイニングキッチンの奥に見えるのが蔵。テーブルは蔵にあった木材で作った。木のぬくもりがあふれ、心地よい

右 母屋の2つの和室と廊下をつぶし、蔵とつないだダイニング。通路であると同時に、家族が家事や食事のたびに集まる場所。左 ダイニングに設けた広い窓で、室内はいつも明るい。庭に新しくつくった藤棚や家庭菜園、水盤などの風景も眺められる

Nさんの家を訪ねた長田さんは、「重厚な土蔵のつくりを見た瞬間、元からある窓で通風を確保し、天井に窓をつければ、気持ちのいい生活空間が生まれると直感しました」と振り返ります。

Nさん家族は、長田さんのその発想に魅力を感じたものの、築八十年になる蔵の中は、いくつものたんすや着物、器、古い生活道具など先祖代々の家財でいっぱい。古道具屋を呼んでは少しずつ整理して、「結局、着工に至るまで丸三年もかかりました」とNさんは苦笑します。

リフォーム前は、キッチンやリビングなど生活の中心が母屋の北側にあり、客間が日当たりのいい南側。「キッチンは暗くて冬は寒いし、母屋の縁側も荷物があふれて物置みたいで、客間の座敷が通路代わりになっていたんです」と奥さま。

そこで母屋と蔵の入り口をつないだ部分に、大きなガラス戸のあるダイニングを新設。蔵には高さ5mの吹き抜けのリビングをつくり、一階に母の寝室、二階には夫婦の寝室と書斎を設けました。工事の最終段階で別棟は解体し、空いた敷地には集合住宅を建てました。

今は日差しのたっぷり入る南側

ダイニングの食器棚には、蔵に残っていた簾戸《すど》を目隠しに利用。棚につけた照明に映える。ステンドグラスはもともと母屋で使われていたもの

蔵の2階にある夫婦の寝室。無垢の木を張った天井の勾配や梁の雰囲気で、山小屋のような落ち着けるイメージになった。左の壁はあえて斜めにして、空間に広がりと奥行きを感じさせるつくりにしている

に、庭を見渡すダイニングが。奥さま念願の対面キッチンもできました。

「家族の顔を見ながら料理ができるし、庭の四季の変化も感じられます。キッチンは私の特等席ですね」

蔵は、薪ストーブを設置したおかげで、真冬でも朝の室温が十二℃前後と暖かく快適。一方、夏はひんやりとした涼しさがあります。

「真ん中を大きな吹き抜けにしたので、妻が一階、私が二階にいても会話ができるんです。〝コーヒー入れてくれる？〟なんてぐあいに。便利ですよ」とNさん。居心地のよい空間を家族で楽しんでいます。

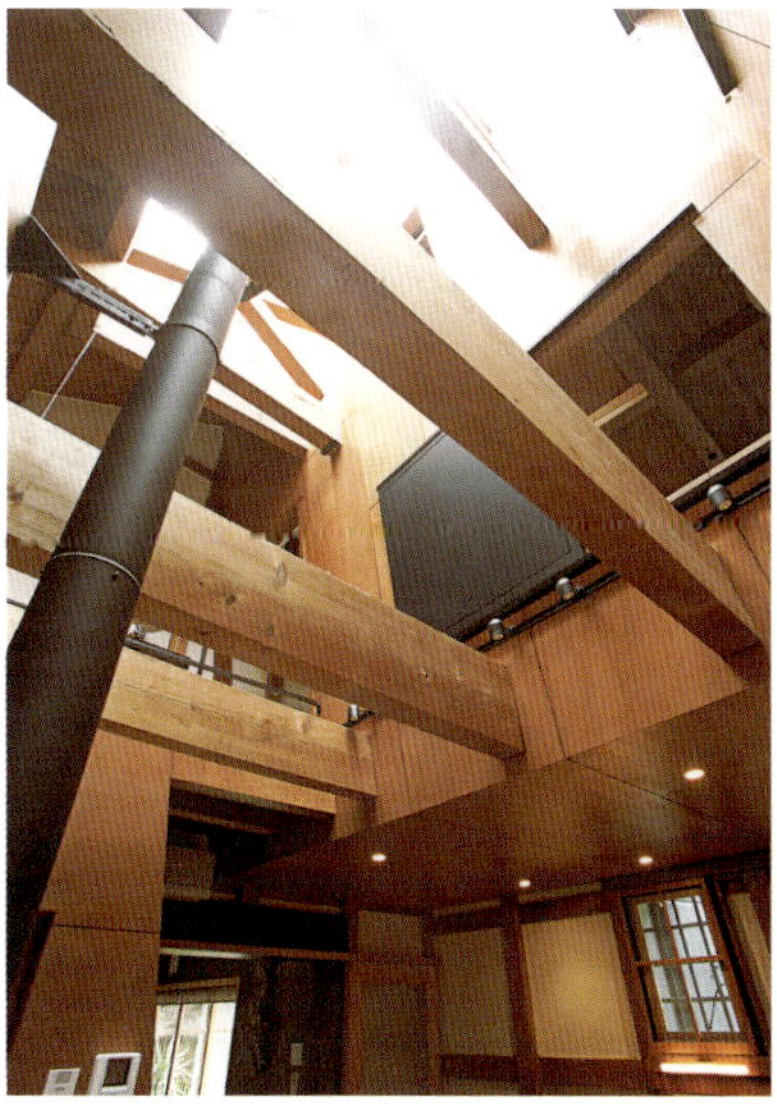

広くとった天窓から光がたっぷり差す

DATA

- 家族構成：3人（80代母、60代夫婦）
- 完成年月：2003年12月
- 築年数：母屋80年、蔵80年
- 敷地面積：534㎡
- 延べ床面積：224㎡
- 構造：木造2階建て

- 設計：長田直之（ICU一級建築士事務所）

東京都中央区小伝馬町16-8-81

TEL 03-5614-0650

FAX 03-5614-0651

メール icu@office.email.ne.jp

- 施工：㈱奥村組

間取りと改築のポイント

BEFORE

長い歳月の間に増改築を重ねた家。右手に玄関や和室、ダイニングキッチンなどがあった。キッチンは北側で暗く、南側にある明るい和室は、ふだんはほとんど使わず、荷物置き場や通路になっていた

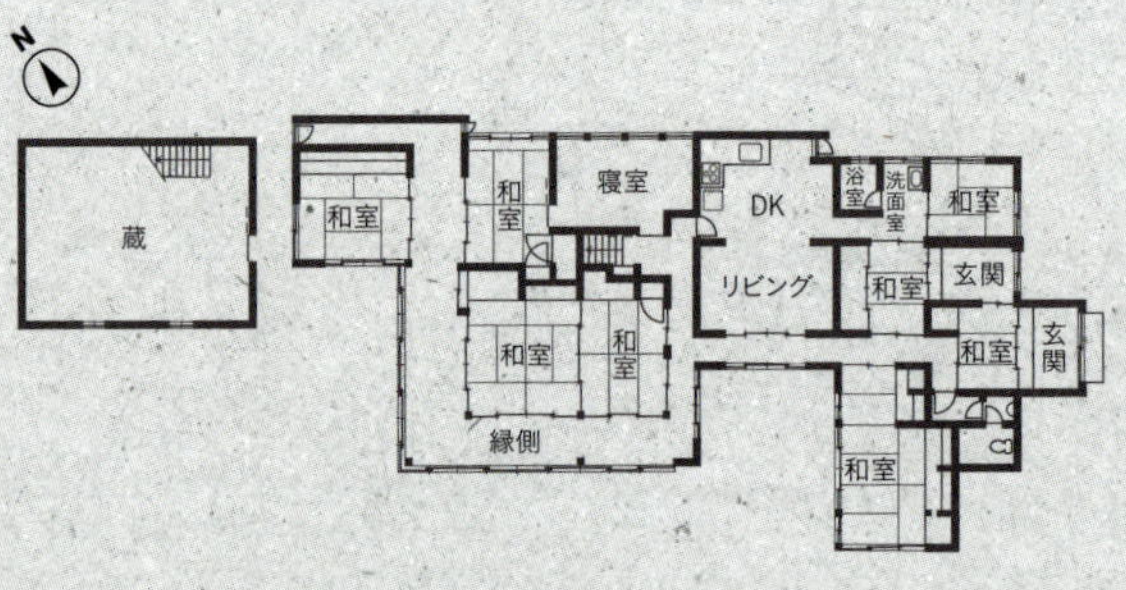

AFTER

生活しながら3段階に分けて工事。まず母屋と蔵をつなぎ、新しいダイニングキッチンと洗面室、トイレ、浴室を設置。次に蔵の中に、リビングと家族の個室、客室をつくった。最後に庭を整備し、母屋の半分を解体

設計者・長田さんのコメント
N様の蔵は保存状態がよく、魅力的でした。ダイニングや蔵の吹き抜けを斜めにしたのは空間に広がりを持たせるため。縁側からダイニングへの流れもスムーズです。

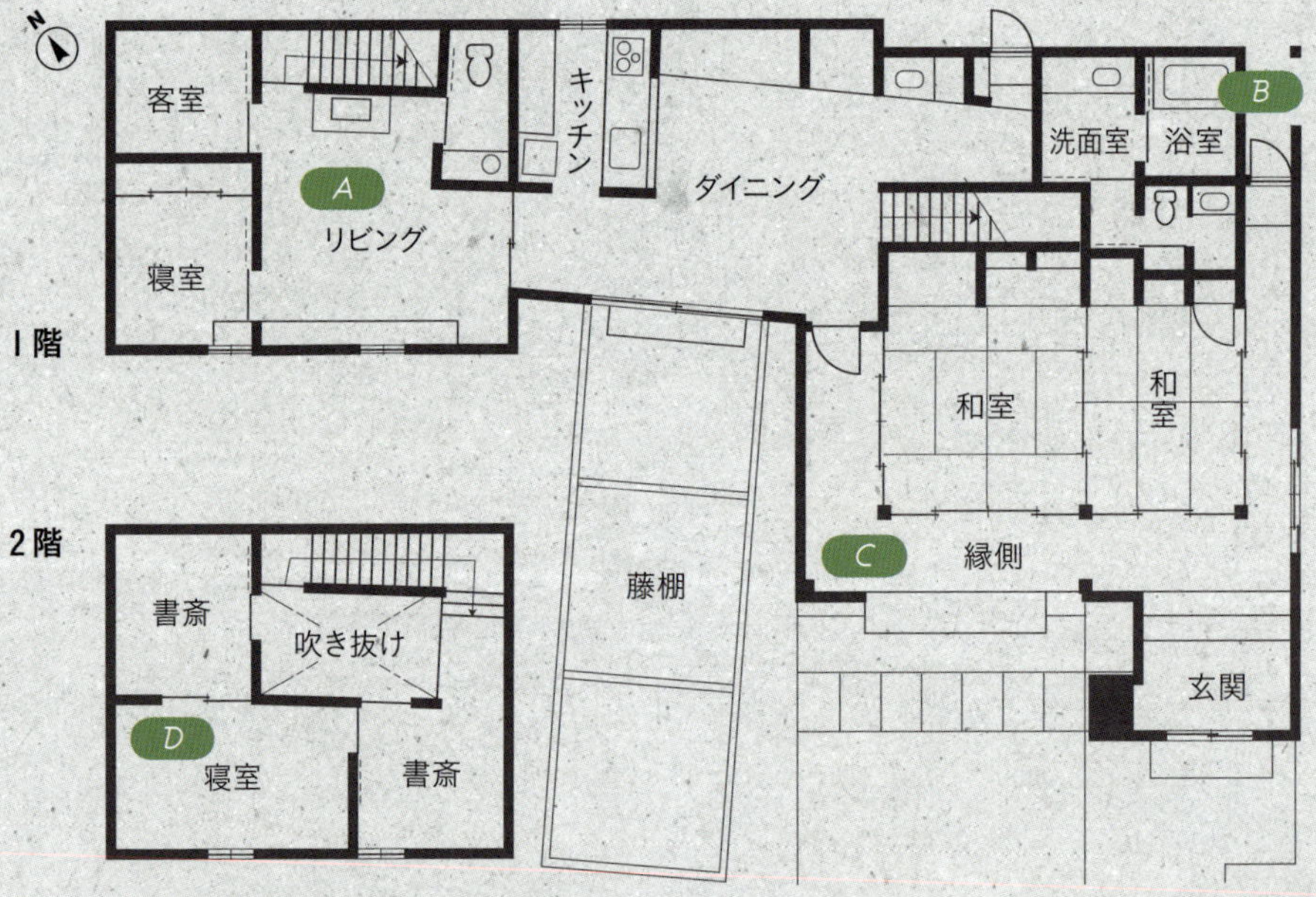

◎ 今、再注目の蔵

土蔵はもともと、たいせつな品を火事や天災から守るため、とても丈夫につくられています。分厚い土壁や頑丈な蔵戸、小さな窓などが特色。上手に生かせば、室内の温度や湿度も安定した過ごしやすい居住空間にできます。広い開口部を新設するのは難しく、あえてほの暗さを楽しむのが手。また内部に仕切り壁がないので、自由に間取りができます。

母屋の奥に建つ蔵。住居用に屋根を葺き替え、軽量化している。母屋の和室の前には、石を並べて通路にした水盤（池）もつくった

A

蔵を明るく住みやすい生活空間にする工夫

窓を増やすと工事が大がかりなため、屋根に大きな天窓をつけた。天窓からの光が、2階はもちろん、吹き抜けによって1階リビングまで落ちる

蔵の窓には、古い鉄の格子がついているだけなので、格子の内側にガラス窓と網戸をつけて、生活空間に合ったつくりに。木の枠もつけている

蔵の階段つきあたりの壁に、明かり取りの丸窓を設置。光が、艶やかな大津磨き仕上げの壁に反射して美しい。手すりは長持の取っ手を再利用

壁や間取りを斜めにして空間に広がりを

蔵の2階の間仕切り壁や建具は、斜めのデザインを多用。空間に独特な奥行きが出る。同様にダイニングや庭の藤棚も、斜めの配置で有機的な動線をつくった

母屋側の縁側や浴室なども最小限の手入れで快適に

母屋はダイニングキッチンをつくった以外、和室2室と縁側を残し、浴室やトイレ、玄関を新設するにとどめて元の風情のままに

右 母屋に新しくつくった浴室は、白を基調にして明るく広い。入り口はバリアフリーにした。Nさんの希望で、小庭が見える窓も設けた。

左 荷物であふれていた座敷前の回り廊下は、化粧直しして建築当初の風情を取り戻した。庭を眺めるガラスの建具も生きた

予算の考え方と昨今のリフォーム事情

どこまでのリフォームをするかは、かけられる費用も大きなカギ。
適切な予算を考えるために、知っておきたいこととは……。

新築に建て替えるか、フルリフォームするか、どちらがお得？

古い家を壊して新築するか、大きくリフォームして再生させるか、迷う人は多いと思います。

費用面でみると、新築する家の規模や仕様によりますが、多くの場合は、フルリフォームのほうが安くすむと考えてよいでしょう。

建て替えだと、建物は自由に設計できますが、古い基礎の撤廃費用（２００〜３００万円）、新しく基礎をつくる費用（２００万円前後）がかかります。リフォームなら、ある程度の解体は必要でも、基礎や構造は使えます。構造材を補修しながら間取りを変えれば、総費用は１０００万円くらい違うかもしれません。

しかし数十年を経た家では、床や壁に思わぬ傷みが見つかることも珍しくありません。老朽化が激しいと、大がかりな補修が必要になり、予定していた費用を大幅に上回る場合も。凝ったつくりを復元したい場合にも費用はかかります。

結果として、新築と変わらない工事費になるようなら、新築に負けない快適さを持たせられるか、あるいは、古い家をたいせつに残していきたいかどうかの判断になるでしょう。

日本家屋での、平均的なリフォーム費用はどのくらい？

２０１１年度調査では、戸建て住宅のリフォーム費用は平均約６７０万円、築30年以上の家だと５００万円〜１０００万円が最多です。けれどもこれは内装変更や設備交換からフルリフォームまですべて含めた結果。フルリフォームなら、基礎から直すか、現行の間取りをどれだけ生かすかなどによりますが、１０００万円以上と考えてよさそうです。

場所や設備別では、キッチン50万〜３００万円、浴室50万〜２００万円、トイレ20万〜１００万円、といったあたりが目安（図参照）。

古い家で求められる、建物全体の窓サッシ交換は１００万円〜、躯体の断熱化は１５０万円〜。耐震性補強は、建物の状態次第ですが、壁の補強、耐震金物の設置、傷んだ構造材の交換、基礎の補強など合わせると、１００〜２００万円は必要です。

あとは使う素材や設備にどれだけ費用をかけるか。強いこだわりがないなら、一部にお得なリフォームパックを取り入れるのも一策です。

場所・設備別おおまかな目安

●キッチン	50万〜300万円
●浴室	50万〜200万円
●トイレ	20万〜100万円
●ダイニング	50万〜200万円
●和室を洋室	15万〜100万円
●床暖房設置	80万円〜
●天窓設置	15万円〜
●建物全体のサッシ交換	100万円〜
●建物の断熱工事	150万円〜

コストを抑えつつ、理想を実現するコツは？

リフォームには、建物の状態や住む人の状況などから必要が迫っての修繕・性能アップや増改築に次いで、現代のライフスタイルに合った便利さを取り入れる、さらに好みの間取りやインテリアに変える、という各段階があります。

どうせ壁を壊して工事するなら、全部の希望をかなえようと考えがち。けれども〝あったらいいな〟〝このさいだから〟〝ついでに〟という程度のものは、もしかしたら〝なくてもいいもの〟かもしれません。無駄な工事は削ってコスト減をはかりましょう。耐震強化についても、現状の基礎や構造に問題がないなら不要な場合もあります。

また、手間はかかりますが大きくコストを抑える方法として、施主支給（施主がパーツを自分で手配すること）があります。サッシ、水まわり設備、ドア、照明器具、床材など、住宅のさまざまなパーツは、インターネットなどをとおして安く買うことができます。こうした品々を自分で購入して、工事業者に支給するというものです。価格にかかわらず、自分たちの好みのものを探して支給するというケースもあります。

ただし、工事上必要な時期に届いていない、仕様が合わなくて取り付けられない、数が足りないといったトラブルを招かないよう、勝手に発注せず、事前に工事業者としっかり相談しておくことが重要です。

ローンや助成など、費用の手当てに役立つことはありますか？

戸建て住宅のリフォームローンは、新築に比べて整っていないのが現状です。

そのため、フルリフォームする八割前後の家で工事費用は自己資金でまかなっています（２０１１度調べ）。築年数の経った家は担保価値がほとんどなく、ローン審査も難しいですが、担保になる不動産があれば、借り入れもしやすいでしょう。

一方で、既存の建物をたいせつに改修して暮らす人が増えているのは時代の流れ。リフォームによって資産価値が上がるという判断のもと、古民家対象のリフォームローンをスタートした銀行もあります。

これは、三井住友信託銀行が、住友林業ホームテックと提携したもので、１９５０年以前に建てられた家の居住者、購入検討者を対象に運営する会員制クラブに向けて提供しています（２０１４年現在）。

ローンを考えるなら、まずは銀行やリフォーム業者に相談しましょう。

地方自治体では耐震やバリアフリー改修などに補助金が出る場合も。介護保険では、介護に必要な改修に費用を支給する制度があります。

住宅リフォームに関する減税制度もぜひ活用しましょう。耐震リフォーム、バリアフリーリフォーム、省エネリフォームを行った場合、所得税や固定資産税が減額されます。期間限定なので、自治体に確認してください。

フルリフォームで予算が足りない場合、あとから追加工事できる部分は？

設備や造作家具などの工事はあとからでもできます。

まずは間取りを含めた家全体の構造をつくっておくこと。古い台所の位置に不満なまま、新しいシステムキッチンに替えるよりも、元の設備のまま、いずれ新しいものを入れられる空間をつくり、費用ができてから、入れ替えるほうが簡単です。浴室やトイレも、位置を変えないなら設備は後回しでよいでしょう。

壁面収納、カウンターテーブルなどの造作も、位置さえ決めておけば、いつでも工事できます。DＩＹが得意なら、いっそ自分でつくるという手もあります。また、建物の部分ごとに段階を追って工事し、最終的にフルリフォームとするのも一案です。

元の構造材や化粧材は、どの程度再利用できますか？

構造材は、大きく傷んでいなければ、ほとんど再利用できます。柱、梁、桁、束などは、そのまま生かした間取りにすれば、費用が削減できるうえ、元の家の雰囲気も残せます。傷んでいるものも、外して、よい部分を別の場所に使えます。

化粧材は、合板、新建材などは状態がよくても使わないほうが無難。新しくなった家の中では、かえってみすぼらしく見えます。

しかし、現代では手に入りにくいよいものは、ぜひ活用を。無垢材の床板や框、床柱、欄間、敷居、石材など、元の場所でなくても生かせる方法はいろいろあります。タイルは残念ながら無理です。そのままの位置で生かすか、あきらめましょう。

古い家にあったもので「こんなものも使えた！」という例は？

長年住んでいた人にはなんでもないものでも、リフォームのさいに活用して、家の雰囲気づくりに生かせることがあります。

透かし欄間を玄関などのインテリアに取り入れたり、刀の鍔《つば》を襖の引き手にしたり。茅葺屋根の茅を、襖紙に漉き込んだ例もあります。古い長持や和だんすは、場所をとるのでリフォーム時に処分する人も多いですが、和家具の美しさを生かして、収納を兼ねたカウンターなどに組み込むこともできます。

石臼を庭の飛び石にしたり、坪庭に使ったり、屋根瓦を玄関床などの装飾として埋め込んだりしても素敵でしょう。古い陶磁器やガラスの皿を、壁などに埋め込んでアクセントにした家もあります。

どれもコスト減というより、家の記憶を残し、デザイン性もアップするためのアイデア。子どもや孫に、由来を語る楽しみも生まれます。

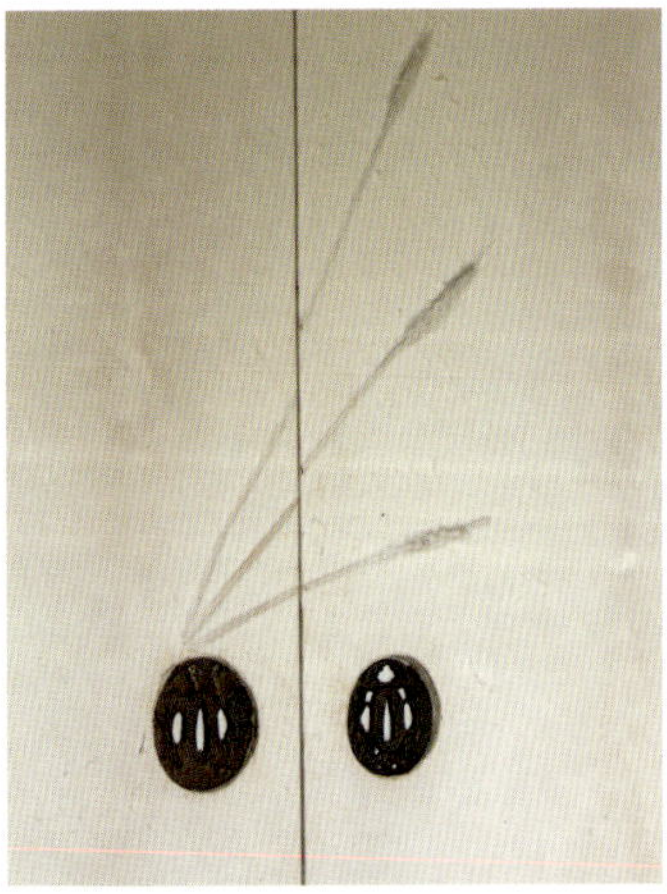

刀の鍔を襖の取っ手に（p.103）

昔の瓦をアプローチのアクセントに（p.87）

おもな間取り図記号

片開き戸		左右どちらか一方に開閉する戸
両開き戸		左右2枚の戸が開閉する戸
引き違い戸		2枚の戸をスライドさせて開閉する引き戸
片引き戸		引き込みスペースにスライドさせて開閉する引き戸
折り戸		開いたときに折りたたみする戸
二枚折り戸		開いたときに折りたためる戸が2枚あるもの。収納に多い
引き違い窓		左右2枚のガラス戸をスライドさせて開閉する窓
片開き窓		左右どちらか一方に開閉する窓
両開き窓	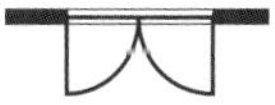	左右2枚のガラス戸を開閉する窓
吹き抜け	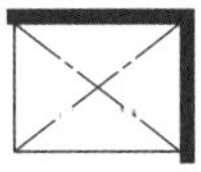	2階以上の家で、上下階をつないだ空間。階段、玄関、LDKなどに多い
収納	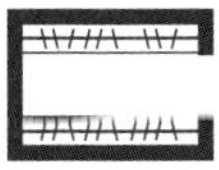	ハンガーをかけられるタイプの収納を示す。この本では省略しているケースもある
柱		構造を支える柱。図面上省略しているものもある
階段	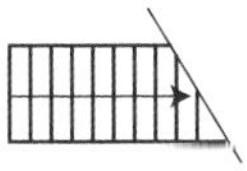	矢印は上る方向を示す
トイレ		洋式トイレを示す

用語解説

■**梁**《はり》　柱同士を連結し、屋根の重さを支える材。棟とは直角方向の水平に組まれます。

■**桁**《けた》　建物の1階と2階の間や、小屋組の外周に入れる大きな部材。主に柱の上で梁や垂木を支えます。

■**束**《つか》　上部の部材を支える短い柱のこと。小屋裏では小屋束、床下には床束が使われます。

■**棟木**《むなぎ》　屋根の頂上に水平に設置する材。屋根の勾配は、棟木から斜めにつくります。

■**垂木**《たるき》　棟木から桁に向けて斜めに取り付ける材。この上に屋根の下地をつくります。

■**鴨居**《かもい》　障子、襖など建具を開け閉めする開口部の、上に取り付けてある横木。建具を滑らせる溝があります。下の敷居と対になっています。

■**長押**《なげし》　鴨居の上に、床と平行に取り付ける部材。本来は柱と柱をつなぐ役割がありましたが、現在では構造上の意味はなく、化粧材です。

■**欄間**《らんま》　和室の間仕切り壁の天井と鴨居の間に、壁の代わりに入れる化粧材。透かし彫りの板や格子などをはめ込み、通風、採光、装飾を兼ねています。

■**筋交い**《すじかい》　地震や風圧などに耐えるよう、柱と柱の間の対角線に入れる材。日本建築では壁の仕上げの下に隠しますが、西洋ではあえて表に見せ、デザイン上のアクセントにすることもあります。

■**礎石**《そせき》**建て（石場建て）**　地面に据えた石に柱を建てる、日本建築の伝統的な基礎のつくり方。柱の下部は、自然石表面の形状に合わせて加工します。江戸時代以降は、玉石や加工した石材に、土台になる木を載せて柱を建てる方法も普及しました。

■**布基礎**《ぬのきそ》　建物の外周や間仕切り壁の下に連続してつくるコンクリートの基礎。木の土台や柱はアンカーボルトで固定します。

■**ベタ基礎**　建物の床下全体に鉄筋コンクリートの基礎をつくる方法。とくに軟弱地盤などに向きます。

■**小屋組**　屋根を構成している骨組のこと。屋根の重さは小屋組をとおして柱に伝わります。梁の上に束を建て、棟木、母屋、垂木をかけたシンプルな和小屋と、斜めに材を組み上げる洋小屋があります。小屋とは屋根と天井の間を指し、その部分の屋根裏空間を小屋裏ともいいます。

■**煙出し**　囲炉裏やかまどなどの煙を外に排出するため、屋根の一部につけた小屋根つきの開口部。

■**天窓**　上からの光を入れるため、屋根に開けた窓のこと。トップライトとも呼びます。

■**切妻**《きりづま》**屋根**　屋根の勾配が、棟と平行な2方向につくられているもの。棟の両端側の壁を妻壁といいます。

■**寄棟**《よせむね》**屋根**　屋根の勾配が棟の両端側を含めた4方向につくられているもの。

■**入母屋**《いりもや》**屋根**　切妻と寄棟を合わせた形。屋根の上部だけ切妻にして、途中から4方向の屋根になります。多くの建物は、切妻屋根・寄棟屋根・入母屋屋根のいずれかか、その組み合わせでできています。

■**破風**《はふ》　屋根の切妻側で、屋根部材の端を隠す装飾。その形状によって唐《から》破風、千鳥破風などがあります。

■**建具**《たてぐ》　襖、障子、板戸、窓、ドアなど、部屋同士や外部との仕切りにして、開け閉めできる部材の総称。

■**簾戸**《すど》　木の枠によしずを張った建具。葦戸《よしど》とも呼びますが、細く

割った竹などを使ったものもあります。風通しがよいので、夏、襖や障子と入れ替えて使います。

■**煤竹**《すすだけ》　古民家の天井などの部材として長年使われていた竹。囲炉裏の煙でいぶされて、艶のある茶褐色に変わっていることから、化粧材として珍重されます。

■**竿縁**《さおぶち》**天井**　竿縁と呼ぶ細い棒状の材を等間隔に並べ、その上に天井板を直交させて載せた天井。日本建築ではもっとも一般的な天井のつくり方。竿縁の形や使用する木材の種類によって、部屋の格式も変わります。

■**格**《ごう》**天井**　材を格子状に組み、1枚板の天井板を載せた天井。格式の高い部屋に用います。天井の中央部を高くした折上《おりあげ》天井や二重折上天井は、非常に格式の高いものです。

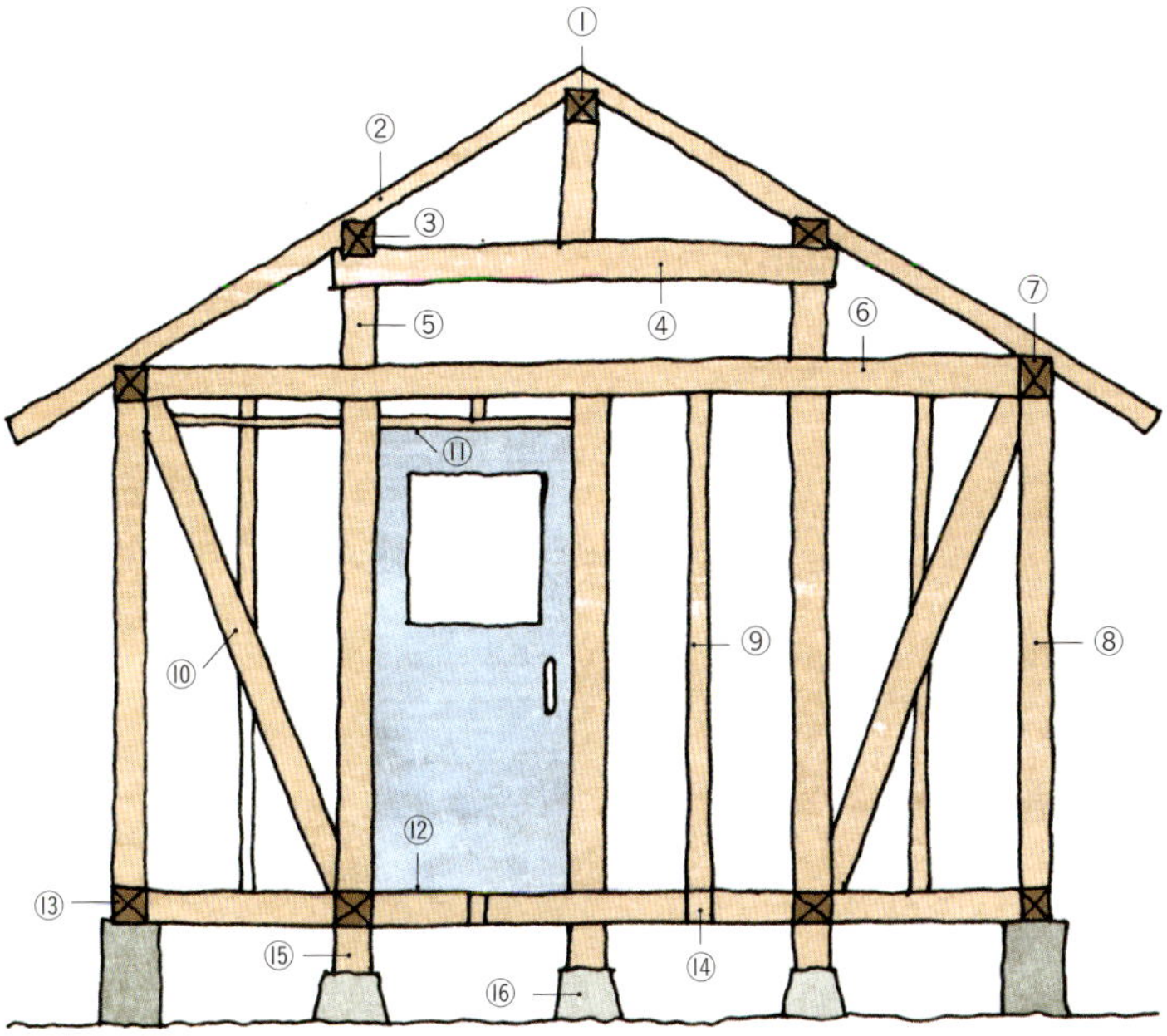

①棟木　②垂木　③母屋　④小梁　⑤小屋束　⑥梁　⑦桁　⑧隅柱
⑨間柱　⑩筋交い　⑪鴨居　⑫敷居　⑬土台　⑭根太　⑮床束　⑯束石

■**敷目板**《しきめいた》**天井**　竿縁を用いず、天井板だけを張った天井。近代以降に考案された簡易な方法です。

■**舟底**《ふなぞこ》**天井**　天井を平らにせず、舟の底を逆さにしたように中央を高くした天井。数寄屋造り、茶室など趣味性の高い和室にしばしば使われます。

■**縁側**　部屋の外側に張り出して設けた板張りの通路。庭などから屋内に直接出入りする機能も持ちます。通常は雨戸やサッシなどで囲まれています。建具の外で風雨にさらされるものは濡縁《ぬれえん》。サンルーム的に使える幅の広いものは広《ひろ》縁《えん》といいます。

■**漆喰**《しっくい》**壁**　竹を組んだ下地の上に何層もの土を塗り、表面を消石灰を原料とする漆喰で仕上げた壁。水まわりなどでは、鏡面のような大津磨きという手法も使われます。現在では手間のかかる土壁ではなく、パネルなどに漆喰を塗る方法も多くみられます。

■**床柱**　床の間の脇に設ける化粧柱。正式には角柱ですが、数寄屋風の建築では丸太や皮を一部に残した柱、希少な銘木などが使われます。

■**床框**《とこがまち》　床の間の前端で、床板や床畳の端を隠すために取り付ける框。床柱同様によい材を用いたり、漆塗りを使ったりします。

■**付け書院**　床の間のある座敷を構成する要素のひとつ。障子が出窓風に縁側に張り出し、地板がつくり付けの机のようになっているものが付け書院。出窓風ではなく、壁に障子や欄間を取り付けただけのものは平《ひら》書院といいます。

■**天袋・地袋**《じぶくろ》　元来は床の間の脇に設ける飾り棚の一要素。小襖をつけた収納スペースです。壁の上部にあるものが天袋、床に接しているのが地袋。現在は床の間のない部屋でも、壁の上下の収納をそう呼んでいます。

■**無垢材**　1本の原木から切り出した角材や板のこと。合板や集成材と違い、天然のままの木材なので、接着剤など化学物質を含みません。湿度によって伸縮します。

■**縁なし畳**　畳縁がなく、畳表だけでくるまれた畳。イグサではなく、七島藺《しっとうい》という植物で畳表をつくったものは琉球畳と呼びます。

コラム監修

大塚正彦　おおつかまさひこ

正屋デザインシステマ主宰。旭化成ホームズを経て1995年に独立。都市型狭小住宅を中心に新築、リフォーム、古民家再生まで、幅広く住まいのトータルプロデュースを行う。朝日放送系列『大改造!!劇的ビフォーアフター』に出演。雑誌などでも活躍する。本書p.98～103「茅葺に憩う家」を設計。

デザイン　髙橋朱里（フレーズ）
撮影　飯貝拓司
関口隆博（p.88～91）、山口敏三（p.28～31）
取材執筆　秋川ゆか
取材協力　小野寺雅浩（p.24～27、52～55、116～121）
工藤玲子（p.20～23、32～35）
塚田有香（p.48～51、62～67）
間取り図　坂井きよみ
イラスト　フジマツミキ
校正　佐藤博子
ＤＴＰ製作　天龍社

本書は雑誌『家の光』二〇〇六年五月号～二〇一三年八月号に掲載された「アイデア住宅」「住まいのカタチ」の記事を一部抜粋し、再構成・編集したものです。

心地よい和の家

築一〇〇年でも快適に住まう改築と間取り

2015年1月1日　第1版発行

発行者　下川正志
発行所　一般社団法人 家の光協会
〒162-8448　東京都新宿区市谷船河原町11
電話　03-3266-9029（販売）
03-3266-9028（編集）
振替　00150-1-4724

印刷・製本　シナノ印刷株式会社

乱丁・落丁本はお取り替えいたします。
定価はカバーに表示してあります。

ISBN978-4-259-56458-2　C0077